英國留學全方位必備手冊

王楠楠、張晏瑒　著

前言

很多人都有留學夢,而留學可能是美夢成真,亦可能是噩夢連連,結果如何,決定的人是你自己。要說這是一本在英國求學的生存手冊,那就太悲觀了。我們的目的是讓決定出國留學的學子對在英國學習有一個正確的認識,制定相應的學習生活計畫,把留學生涯過得快快樂樂,有滋有味,在最短時間裏獲得最大收益。

這本書適合正在計畫去英國留學甚或是已經在英國深造的人,你可能已下定決心直接攻讀學位,或只是有那麼一點點興趣,想搜集到英國留學的相關訊息。為使讀者更快進入狀況,作者本於自身經驗並搜集了許多過來人的經驗案例,歸納在英國求學的本質要求、困難,以及應對方法。為猶豫不決徘徊於

出國或不出國之間的人下定決心,為已下定決心的人提供全面的資訊和心理準備,本書可以說是在英國留學、生活及學成之後留在英國工作的寶典。

對於網路或其他書刊已經頻繁涉及的簽證問題及一般生活資訊,本書僅提供一些重要訊息,其餘細節內容則不再重複贅述。本書擬針對前人很少提及的具體經驗和短期留學生很少遇到的學習問題進行詳細地介紹。例如:通過解說英國人的文化習慣以幫助學子更容易融入英國社會、對於在英工作的留學生經驗的總結、稅收制度的介紹,還有中青年留學生關心的婚嫁、子女問題等。對於如何更輕鬆的攻讀學位及選擇適合自己的工作,作者做了詳細地介紹。其中頗多是作者

個人的經驗之談甚或是慘痛的教訓，希望讀者能少走一些冤枉路。

本書所提及乃作者在英國多年求學及生活所取得的寶貴經驗，其實你很容易發現這本書更適合打算長期在英國追求更高學歷及工作的人，而非專門為打算短期去鍍金的逍遙派量身訂做的。如果你的目的僅限於去英國一年的「渡假」或「學位速成班」，那網上各大論壇所載的相關資訊已足以應付，我們也不鼓勵你花錢買此書借鑒。

許多到英國留學的亞洲學生並沒有一個十分滿意的快樂時光。我們認為那是因為出國前準備不足，或不熟悉英國社會狀況造成不能融入當地人的生活，導致匆匆忙忙完成學業後便回國。每個人在出國前都要有充足的準備和明確的目標才不會給留學生活留下遺憾。我們希望所有讀者能從這本書中收益，快快樂樂的完成學業，並盡可能在畢業後在英國找到一份工作，畢竟在英國工作的經驗是最直接瞭解他們工作習慣的方式。大多數人回國後都會遇到參與國際業務的機會，然而，瞭解他們的行為方式與思考邏輯將對以後多元化擇業奠定良好的

基礎。留學生大軍對於英國政府來說是一項非常重要的財政收入。他們的大學也就像一個產業來維持。對於外國留學生來說，挑選英國的大學就好像買東西一樣，只有對這一服務行業徹底瞭解，才能為以後的留學生活帶來方便。

博士學位相對於其他學位或職業證照的學習過程本質上存在著相當大區別。三至五年的時間裏，留學生要克服語言上的障礙、學習方法上的調整、文化上的差異等，如此種種對博士學習過程有著相當大的影響，因此學生到英國初期需要付出很多的努力，書中也對中英學生學習方法、態度有詳細分析。我和我的愛人是在英國讀博士時相識的，那段大學裏的美好時光我們永遠不會忘記，之後我們分別在工業界和學術界就職。難得的工作經驗讓我們受益匪淺，更加體會到英國大學商業性和目的性是和社會實際需求密切相關的，我們也結交了很多各國的良師益友，有的已成為終生的朋友。我們的體會是如果能提前瞭解這些背景知識，對以後的留學生活將有莫大的幫助。

本書作者在長年的學習和工作

生活之中積累了大量經驗，彙編成書。本書引用了大量的真實案例和經驗，總結了很多字典上查不到的日常成語及其適用場合，及作者在多年生活中累積的在英國生活必備之單詞。此書為打算去英國留學、工作或探親的人具有非常重要的貢獻。為大家出行前提供最實際和詳實的資訊。

目次

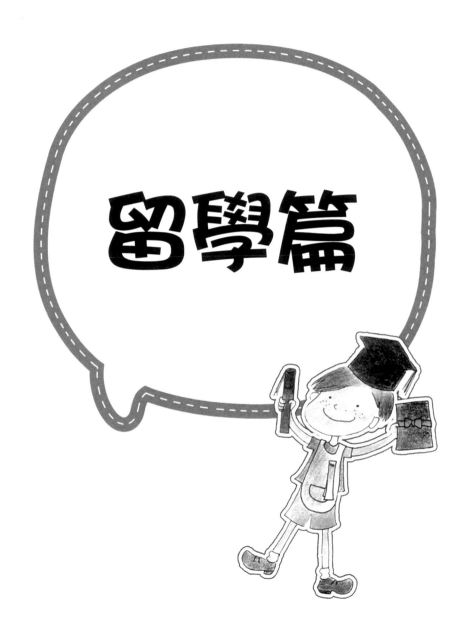

留學篇

1

出國留學的目標

每個人都懷著不同的目標和心情千里迢迢留學英倫，當然最後回國取得的成果也是大相徑庭，你出國前對出國留學這件事的態度，將決定你往後發展的高度。每個人出國讀書的理由各異，但唯有清楚地知道自己想要什麼，並設定目標而朝此目標努力的人，才有可能達到最後的目的地。因此，瞭解自己的需求便成為是否決定出國念書的首要任務，正所謂「知己知彼，百戰不殆」，當你最後回顧起這一段時光的時候，是遺憾還是懷念？以下我們為讀者歸納幾種我們所觀察到的出國理由，看看你是哪一種。

享樂主義

如果你是抱著這種目標出國的，那你就去錯地方了。現代的社會是很容易腐蝕人的靈魂，之所以這樣說是因為金錢在社會上的地位已經取代了很多其他的東西。有錢能使鬼推磨是個再熟悉不過的信條，但很多事情在英國社會是買不到的。舉個例子，英國很多名人（celebrities）雖然金錢、豪宅無數，但因自身的修養不夠，而得不

雖然英國在檯面上聲稱禁止任何型態的種族歧視，但事實上種族歧視的狀況仍然存在，華人在英國畢竟是少數，因此我們建議還是以低調為上策。

到大眾的尊重。一般的英國人，很多事情都是要親力親為，這就是所謂的DIY。我們觀察到有越來越多的華人留學生到英國後成天泡在賭場，出手闊綽的程度令人咋舌，最後往往成為不法份子下手的目標。

學位主義

英國著名大學學位的高品質大概只有美國的大學可以與之抗衡，當前中國國內社會風氣對一張英國大學的文憑有著相當程度的尊重，姑且不論個人能力如何，產業界亦或多或少看重求職者曾經留學的涉外經歷，而予以所謂「海歸」一定程度的重視，因此也造就了一般人認為出國留學就如同鍍了一層金，甚至有花錢買學位的荒謬想法，殊不知文憑與能力並非當然成正比，而社會競爭往往取決於能力，文憑只在能力相當時才會被做為升遷時的參考。又因為中國國內的碩士太難考，去英國只要你的英語水準夠了一定高度，有大學畢業證一般都能入學。即使英語考試水準稍遜，只能拿到有條件入學許可，報一個語言班加強一下英語，大多數學生最後都可以順利入學。這樣出國前就要鍛煉好自己的自學能力。

工作定居主義

如果你出國深造的目的是為了將來有一個更好的工作，那你在選專業和學校的時候要格外為這一目

有錢可以解決一切？

在英國很多事情是錢買不到的。有些學生未經過獨立的生活，衣食靠父母，人際關係也無法正確處理。空有錢也解決不了問題，造成自己不省心，家長也不放心。

為給父母掙面子才出國？

外國人很難理解很多二十幾歲的華人學生經常自稱是為父母才出國的。結果完成了父母的心願，自己卻委曲求全。

的而設計。事先要做好調查研究，什麼樣的專業更適合你，哪個學校的學位更有份量。如果你是想要以後在學術界發展，博士學位當然是必要的，但不要好高騖遠。此外，英國社會非常重視專業能力，在工作申請的競爭上與中國國內比較起來也相對公平，若你的能力在他們英國本地人之上，領導們自然會捨英國本地人而給予你工作機會，所以英文與專業能力的培養便格外重要。另一值得琢磨的是你導師的人脈，一個好的導師通常與產業界有一定聯繫，如果你是個好學生，英國的導師們通常也不吝於介紹給他在產業界的朋友。

開闊眼界主義

有些人對出國深造頗具野心，抱著虛心的態度，學習一切新的事物，我們認為通常這種人最容易融入英國社會，也能以最快的速度使自己進入學習的狀態。因此，在出國之前，你必須問自己一個問題，「你接受改變的程度有多大？」是百分之五十？還是百分之九十？若你的答案是不願意接受改變，仍要按照自己在國內的交友及生活模式，那大可不必花大筆銀子到英國去了，留在國內反而過得更舒服。反之，若你以開放的心胸、誠心與英國人或其他在英國學習或工作的外國人交往，相信能獲得他們同等的回應，亦能為你的留學生涯添增許多色彩。此外，與外國人交往的過程中，你所能獲得的不僅僅是國際視野，更有可能是往後一輩子珍貴的跨國友誼。

出國主義

沒有明確的目標，為了出國而出國是一種非常危險的做法。國外什麼都好，真的是這樣嗎？在過去的經驗中，我們見過不少奉父母之命出國的小留學生，或跟隨潮流，因為同學中有人出國，所以自己也

為出國而出國？
同學都出過了，我也要出國，沒有明確目標出國是很蠢的事。

要出國的人，這些人通常不清楚自己將來要做什麼，走一步算一步。在缺乏足夠誘因或動力驅使下，最後浪費了大把鈔票及時間，卻連基本的學位都沒拿到，尤有甚者，我們就曾見過在英國讀了四年的語言學校，雅思（IELTS）卻仍只考4.5分的華人學生，如此實非吾人所樂見。

小結

　　本章介紹了出國留學的不同目的，希望大家在閱讀一下章節前能收到一些啟發。在出國前確立自己留學的目的，才能有的放矢，享受讀碩、博士的每一天。

2

瞭解英國高等教育體系

　　和亞洲地區的教育體系不同，英國的大學是很商業化的，很多課程是針對學生及市場的需求而設計，例如因應網路交易活動的盛行，英國大學出現了「電子商務」（E-commerce）或「網路法」（Internet Law）的課程，這種現象針對國際留學生而言尤為明顯。海外留學生往往是英國各大學極力爭取的對象，原因很簡單，留學生除了可以帶給學校穩定的收入外，而華人留學生比一般英國本地學生用功，教授們也樂於見外國學生與英國本地學生之間的良性競爭。但是，我們也觀察到一個新的問題，由於亞洲經濟的快速崛起，以往刻苦學習，靠著獎學金求學的中國學生比例正在逐年降低，取而代之的是越來越多學習不怎麼樣，但家裏

卻相對富有的中國學生。更令人髮指的是，有些學生在入學申請時提供造假的成績單或學位證明文件，英國各高等教育機構已注意到此問題的嚴重性，也逐步加強對華人留學生申請入學的審查工作，敬告讀者千萬不要以身試法。

英國碩、博士學位教學本質

　　英國碩士與博士的教學本質相差很大，大體而言，在碩士階段學校課程的安排與導師的良窳可能相當程度地左右學生的學習成果。而傳統的博士課程由於沒有強制性修課，你的命運往往掌握在自己手中，導師只起到引導與監督的作用，是否能做出成果，學生自己需負大部分責任。碩士又可細分為

教學型（by taught）與研究型（by research）兩種。在英國有近千種不同科系的碩士課程可供選擇，學生必須盡可能取得課程相關內容且充分瞭解以選擇最適當的課程。選擇英國的教學型碩士課程最大的好處之一，就是大部分的學校提供1年的課程，而這並不表示其教學品質較低或比其他國家的碩士課程較為容易，只是英國的教學型碩士課程比其他國家較為密集而已。對於英國政府來說，英國的大學體系接受海外留學生更是他們一項很大的產業。他們每年從留學生身上賺取到的學費生活費都很高。我們留學生對於英國的經濟來說是重要且不可缺少的一環。所以各位應該有消費者的意識。這樣一講大家就明白了自己是很重要的消費者，要有消費者作為上帝的驕傲感及謹慎態度，讓我們的留學生涯物有所值。對於付出了昂貴學費生活費的留學生來說，只有對留學過程做好充分的準備，才不至於浪費了自己的時間和金錢。

因為12個月內可完成課程，這對外來的海外學生是相當有利的，學生只需支付1年的學費及生活費

英國好學校和差學校的學費差別並不是很大，所以建議大家申請排名好的大學、資深的導師，千萬不要怕自己不夠格挑學校和導師，要像買東西一樣貨比三家，切忌盲目投遞申請；買到了更要好好利用資源，不要浪費時間及金錢。

用，花費也相對的減少許多。要申請英國碩士課程其主要的學術入學條件是擁有大學學位，此外申請者也必須提供英文能力證書（通常是IELTS或TOEFL），有時候申請競爭激烈的頂尖大學也許會被要求提供GMAT成績。因為英國教學型碩士課程只有12個月，因此，學生在開課前需要先有相當的英語程度（大部分的課程需要IELTS 6.5）。否則，會有程度落後或被退學的危險。若學生的英語程度較不理想時，通常學校會建議學生在開學前先至大學附設的語言中心接受英語先修課程。課程長短則依學生IELTS成績而定，學校通常藉著學生在這期間的表現滿意度來決定該名學生的入學資格，而不需再參

加IELTS的語言測試。但有些學校仍要求學生在課程結束時，需參加語言中心所安排的測試或IELTS語言測試，因此學生對於學校條件式入學及英語先修課程（Pre-sessional English Courses）的細節應要仔細閱讀並瞭解才是。大部分的教學式碩士課程於9月底或10月初開課，只有少數的碩士課程會在1月份開學（主要與商業有關的課程），課程通常分為下列4個學期：

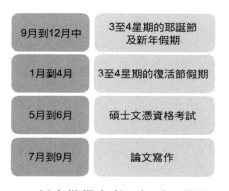

9月到12月中	3至4星期的耶誕節及新年假期
1月到4月	3至4星期的復活節假期
5月到6月	碩士文憑資格考試
7月到9月	論文寫作

以上僅供參考，切確日期隨著課程及學校的不同而有所差異。此外，也有一些大學提供只有9個月的碩士課程，這是為了讓學生能儘快回到工作崗位。另外，有些大學現在採用學年制度（分為上下兩學年），而非學期制度（三或四個學期），但假期仍是相同的。在大部分的課程中，9月到來

年6月是教學部分，然後接著碩士資格文憑考試。學生通過此資格考之後，才允許繼續論文的寫作及成為碩士研究生。有些課程並沒有碩士資格文憑考試，單以學期中的課程報告為評判標準。論文的撰寫內容篇幅從12,000字至25,000字，學生可由課程大綱簡介瞭解其論文規定之細節。論文交上後一般由兩到三位校內教授審閱，不需口頭答辯，所以難度亦較低。除了撰寫論文外現在也有一些大學採用新的考核趨勢，例如以學生的Project Work來考核，特別是一些管理課程。如果學生只有完成教學式碩士課程的上課部份（通常是碩士課程的前9個月課程），但沒有撰寫論文或是論文沒有合格的話，便只能取得研究所文憑（Postgraduate Diploma）而不是學位證書（Degree Certificate）。

研究型碩士課程包含介紹學生研究方法技巧和專業知識，而其MPhil論文則是為了之後的博士論文做準備。研究式碩士課程為期2年，有些學校不強制研究型碩士學生修課，有些則前9個月需參與教學課程，與教學式碩士課程的學生

大致相同，然而大部分的時間在與未來可能的導師探討研究的主題，性質跟博士課程很像，論文字數依各大學之不同規定大約在兩萬至三萬字之間不等，論文交上去之後必須通過口頭答辯，而答辯委員會亦依各校之不同規定而由三至五位專家組成。若有三位答辯委員，其中一人必須為校外的專家，若有五位答辯委員，其中兩位必須為校外的專家，所以與教學型碩士比較起來，研究型碩士的難度較高，歷時亦較長，一般而言，兩年到三年為合理的修業年限，由於年限較長，所以一般人會選擇碩、博連讀。在9個月教學課程後，學生可選擇轉念博士課程或是繼續其MPhil的研究。接下來15個月為研究課程以完成MPhil的研究學位，大多數的學校都會要求學生在成為正式博士班學生前先註冊為MPhil的學生。而要成功繼續攻讀博士課程，則是根據學生在MPhi課程的表現和考試，和是否有適合的指導教授，以及是否有充裕的財力而定。此外也會有其他相關條件要求。如果學生當初申請課程時只有申請 MPhil，而日後如果他想要繼續攻讀博士課程的話，則需另外再申請博士課程。

本書前面已提及傳統的博士課程不需修課，另外，還有兩種博士資格如專業式企管博士學位（Professional Doctorate in Business Administration, DBA）和專業式教育博士學位（Professional Doctorate in Education, EdD），在商業及教育界愈來愈受歡迎，這與美國的博士課程較相同，即在著手研究計畫前，先接受大量的教學式課程。此博士課程為期至少三年，最後學生將取得DBA或EdD資格。更深入地說，DBA是一種「專業式」（Professional）的企管博士學位。一般傳統式的企管博士學位（Ph. D. in Business Administration）著重於訓練學生發展學術上的教學和研究能力，而DBA則著重於訓練學生具有將管理理論運用於實務上的能力，但對於學業和研究成果的要求，DBA和Ph.D.並無任何不同。簡單來講，傳統式的企管博士訓練，希望培養出具備教學和研究能力的學者，而DBA則希望培養出具有研究能力的實務人才。攻讀DBA學位在本質上是對於實務上

的管理課題作深入且嚴謹的研究，因此適合修讀DBA的學生，是已經具備數年的管理經驗，而想獲取更高的學位且繼續留在實務界工作的專業人士。EdD是專業式教育博士（Professional Doctorate in Education）的簡稱。通常學校提供這個博士學位的目的，是讓在教育領域具有經驗的人士深入研究與工作相關的議題，同時也讓這些在職人士有攻讀博士學位的機會。適合修讀這個學位的人士有：學校單位中的高階管理人員（如：校長及主任等）、成人或高等教育單位的教師、在政府教育相關部門工作的人士和教育政策的制定者。除此之外，在一般私人或公家機構的職業訓練者（如：講師）也適合修讀EdD學位。EdD學位和傳統式的教育博士（Ph.D. in Education）最大的不同，在於它的實務取向，學生的論文題目多半是和教育實務相關的課題，例如教育政策的制定、教育機構的管理等。最後，自2001年開始還有一種所謂New Route Ph.D.的新博士課程，包含研究，教學課程以及實務經驗。New Route Ph.D.提供學生快速途徑，大學生（或相等學位）可透過整合課程以四年的時間取得博士學位，碩士生則能擴展並培養專業及多方面的技巧。課程包括3個整合領域：教學，專業技巧以及研究元素。在前兩年，會加強這三個綜合技巧，在第三及四年，重點會放在專業技巧及研究工作。由於此種博士對入學前的學習及成就做相當嚴格的審查與認定，因此New Route Ph.D.課程可依每位候選人的需求來設計，可以減少教學課程，提早取得博士學位。傳統的博士課程不能預期會花多久的時間，而選讀New Route Ph.D.的學生則可以確定在4年內完成課程。在此建議讀者應諮詢你所選讀的學校，以確定他們是否提供此類博士課程。

到博士階段，不能在三年內按時完成簡直就是正常現象，大家一定要給自己預期留出多一點空間。無論對英國本國人還是留學生，一個全日制（Full time）博士學位至少學要三年時間，而平均時間大致是三到五年。如果選擇讀半工半讀（Part time），那就沒有定數了，我們認識的人中讀的最久的是一個英國人，從註冊到畢業一共經歷了

25年時間。影響就讀時間長短的因素很多，有個人原因，但更多的是客觀因素。好消息是一般外國留學生反而比英國本國人成功率要大。我們看過好多英國本國人中途因種種原因放棄了，而對於華人留學生來說，三至四年預期是比較合理的。博士論文的字數往往是許多在讀的博士學生關心且在日常生活聊天中常提及的話題，一些坊間留學教育機構指稱，理工科的博士論文大約需六萬至八萬字，而文法科的博士論文則需八萬至十萬字，事實上這是毫無根據且有誤導之嫌。到博士階段所重視的是論文原創性與論文對該領域的貢獻度，嚴格地說並沒有字數的限制，作者在英國就讀博士時曾在一研討會中向發表演說的博士生導師問及關於博士論文字數的問題，當時教授的回答是「我從未因為字數太少而當掉一個博士」，此答案可以說是最好的證明。

讀博士是一個高度自覺的行為，導師只起到一個防止你誤入歧途和最後把關的作用，你自己將是你命運的主宰，在選課題，研究方法甚至最後撰寫上面，沒有人替你決定。導師反而不一定知道你研究的具體細節和答案，當完成最後論文時，要有信心說自己是這一問題當之無愧的專家，而另外一個專家也許是你的答辯官（Examiner）而非你的導師。不要抱怨導師沒有給你一個明確的研究課題、沒有能為你找到解決問題的答案、沒有督促你按時完成你的論文。記住，博士是你自己的事，你才是那個對你的博士學位獲得與否應負責任的人。

在讀博士的過程中，學生的心

在決定讀博士之前，先要問自己幾個問題

- 導師的研究領域是不是你感興趣的，以至於你有毅力和耐心花三年以上時間去研究同一個問題並成為這個問題方面的專家。
- 你有沒有獨立作研究的能力，包括英語能力、交流能力和科學研究能力。
- 你有沒有勇氣為你的觀點辯護。

裏會受到很大的波動，很多人在這一過程中曾懷疑自己，失望到想要放棄的地步，也有些人真的放棄了。應該說，讀博士的過程對學生的心理是個很大的挑戰。套句我認識的博士導師的話「不是每個人都適合讀博士的」。從一開始的興奮萬分，躊躇滿志，進入調查的不知所措；從滿懷信心決定了研究課題，到研究過程停滯不前遇到瓶頸；從感覺永遠找不到答案，到幾乎不經意間找到了解決方案；從萬丈豪情灑灑萬言寫下論文初稿，到被導師要求一改再改到幾乎絕望的地步；從定稿的喜悅，到等待口試的焦慮；從緊張的辯論到等待已久的最後結果。從我們的經驗中，很少有論文不被通過，就當一切都結束的時候，你才意識到時間還在開你的玩笑。最後綁釘、上繳、等待答辯通過通知書都是度日如年的日子。然後，你就可以名符其實地得到那個期待已久的名號——博士。之後呢？更大的難題出現了，工作何去何從？這裏我們之所以把讀博士的種種煩惱呈現出來，並不是想讓讀者灰心喪氣，既然我們瞭解了整個過程中的困難，就需要很好的心理準備，這樣才不至於到時候被困難壓倒。

讀碩、博士過程概論

教學型碩士的課程十分緊湊，除了耶誕節及復活節等假期外，大部分的時間都忙於上課及寫作業。很多教授喜歡採取小班制討論的方式，若真的如此，那恭喜你，因為你將會學到很多東西，而教授們通常會開出一大串的書單要你預習，上課時便針對書單上的內容要你發表高見。不要想著混水摸魚，教授們肯定熟讀書單上的所有內容，要不然他們不會叫你念。若學生人數過多，教授通常會以分組討論個案的方式進行課程，最後由各組分別上臺報告，所以每個人都有可能上臺說話，有些教授甚至會臨時抽問那些平常不發表意見的學生，華語地區留學生已習慣性的在上課時只聽不說，所以常常會是這種散彈下的犧牲品，在此建議讀者「以攻為守」，上課前做預習，上課時多提問，讓教授對你產生你已經做了功課的印象，課堂上臨時性的問題自然而然就會與你擦間而過。

「忙」這個字最足以用來形容教學型的碩士課程，在不知不覺之中，一年的時間很快就過了。

瞭解英國碩士學習的本質

英國的碩士學習方式與國內是有些不同的，這主要體現在上課、考試、論文上面。自覺性是成功的要點，很多亞洲學生抱怨說在英國讀碩士什麼也學不到。一年的時間的確是很短，能不能學到東西，能學到多少東西要看你自己的努力程度了。衡量你成功與否的關鍵是看你是否學到了一種學習方法──分析能力，而非你能背過多少書本知識。

碩士選專業問題

很難說哪個專業畢業好找工作，因為需求總是在變化的。一般來說理工科比文科好找工作，工程技術和生物科學、社會科學、醫學護理及電腦比較熱門。其實還有很多很好的專業也適合華人學習，例如物流、會展管理、體育管理、國際傳媒、酒店管理、機場管理、房地產管理、汽車、航空設計專業等，所以不要把自己的選擇局限在幾個大家都很熟悉的領域。

申請要點

申請赴英讀研究所，需要具備本科學位（或專科學位加上相關工作經驗）、本專科成績、英語成績、相關學術論文及工作經驗等。一般IELTS 6.0或TOEFL 100（新試）分是入讀研究生課程的參考底線水準，但是每個學校要求又有所不同。

申請時間最好提前一年提交申請。英國研究生課程大部分9月開學，如果是研究型碩士學位就比較寬鬆也可以1月開始。但是只有9月學校才會為新生舉辦新生介紹和歡迎活動，1月入學就比較難，因為少有人幫忙。普遍講，英國碩士的

死記、爛背和模仿不是英國碩士教學的目的，如果你還應用國內考試機器的學習方法，抱著對老師唯命是從得過且過的態度只能是浪費時間和金錢而已。

入學條件並不很高。排名前幾名的自然不容易進，但是排名倒數的幾乎是什麼人都可以申請，條件很低當然含金量要少很多。如果你有國內本科學位最好，但如果只有三年制大專學歷又沒有相關工作經驗，可申請先讀一年碩士預科，再攻讀碩士學位。具有學士學位的學生但是專業又不符合申請的碩士學位，能直接轉專業的可能性比較小但是如果你能提供相關工作經驗，也許能避免多讀一年預科。

求學花費

大家都知道英國的學校學費高，但英國的碩士學費因專業不同而有較大差別，而且每年學費都有所上調。此外，地域也相當程度地影響學費的高低，例如位在大倫敦地區的學校其學費自然要比其他地

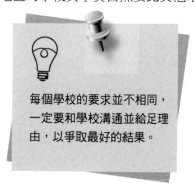

每個學校的要求並不相同，一定要和學校溝通並給足理由，以爭取最好的結果。

區的學校要來得貴。一般文科學費較低平均8000英鎊左右；商科為9000英鎊左右；理科為9500英鎊／年；醫科則更貴些；最貴的是MBA課程，一般在15000英鎊以上，其中一些倫敦的著名學校的MBA學費可達到幾萬英鎊。

生活費用方面，根據不同地區和個人生活方式不同，略有差異。綜合來講，在英國的生活費平均每年8000英鎊。

授課方式與國內差別及如何應對

英國碩士研究生授課方式有講師授課、小組討論、以及案例研究等多種方式。課後作業也很多樣，有要求個人獨立完成的，也有小組共同承擔的。平時作業的成績也會納入最後成績，所以不要輕視作業水準。

如果是教學型的碩士學位，你將會參加很多課程，但是上課的時間要比國內少很多。大部分時候是講師在課上大概發一下講義，講一下重點，主要靠你課後用自己的時間去消化理解。各個講師的教學風格也大不相同，有的很風趣幽默，

有的很嚴謹一絲不苟。由於老師的講學時間固定，而在校時間並沒有硬性規定。有的講師很喜歡和學生互動、相互交流，也就很容易在辦公室找到他們。也有的講完課立即消失，平時只能在規定的答疑時間見到他／她，否則別想找到他／她的身影。最好的辦法就是和講師提前預約，可以通過電子郵件或秘書等途徑。

一眨眼你就要面臨畢業了，所以自己一定要時時刻刻有危機感，好好安排自己的時間。不要真的把假期當作休息時間，更不要把時間全部花在打工上面。其實那才是你應該給自己消化和鞏固專業知識的時間。

　　剛剛進入英國大學課堂的學生最大困難是聽不懂課，但這一點是你必須要用很短的時間去適應的，唯一的方法是靠個人在課後的努力以及與同學的互助。剛開始可以借用同學的筆記，對於講師在課堂上提到的重點，在課後一定要去圖書館查閱書籍增加瞭解，但是一定要盡量縮短這一適應過程。一般人的適應時期是4到6個月，這也是這一年中最緊張最辛苦的時期。等你熟悉了教學模式，總結自己的一套有效學習方式而樂此不疲的時候也就是你快要畢業的時候了。雖然一個碩士的過程有一到一年半的時間，但是你會發現真正上課的時間很短。從九月入學到第一個假期（耶誕節）中間上課時間只有兩個月而已，而且短短的寒假之後就是緊張的考試，所以第一學期很關鍵。你必須盡快適應老師的講課方式，培養出自己去圖書館自學的習慣，不懂的一定要向同學或老師詢問。如果你從第一學期就應付不了，後面的學期也很難趕上。第二學期也不過2、3個月的授課時間，然後又是復活節（Easter）假期。第三學期則多半花在寫論文上。真正全部上課時間也只有7個月而已。

　　至於教材，一般英語教材都很昂貴，講師在講課過程中會推薦圖書館所藏書籍給學生，真正需要自己購買的教科書很少，但這些圖書館的書很搶手，尤其是臨近期末的時候，所以建議大家先下手為強，只要有機會借到手，要不失時機地

用功研讀。為公平起見圖書館往往規定這種很多人排隊要讀的書在你手上只能保留一定期限，如果是非常搶手的書籍，一般可以借的時間也比一般圖書要短。借閱時一定要看清楚，有的書可以供借閱一個月，有的卻只有五天時間，而且如果延期這種圖書的罰款也比平常的書籍貴很多。有很多同學考完試還書的時候發現被罰款幾十鎊，上百鎊也有。如果發現你要的書正在別的同學手上，可以向圖書館預約排隊等待。每個學校的圖書館都有電子系統，這些動作都可以在網上完成，省了很多不必要的麻煩。

考試

由於大學沒有給講師規定統一的教程，就算同樣的課程由不同講師教授的時候側重的重點也不會相同，筆記出入也很大。多數考試是以講師上課的側重點來考核學生的，教材讀懂了、原理記住了，考試也沒太大問題，但是要注意英國大學裏考試的評卷標準和華語區的大學也是不同的。往往他們的試卷並沒有死標準，你的發揮性的東西佔很大一部分，華語區學生很喜歡考完試對答案，然後給自己的成績一個預期的範圍，結果等發佈成績的時候，發現成績和最後答案對錯沒有必要關係。尤其是很容易比對的計算題，你也許覺得最後答案對了就得全分，錯了當然就沒分了。

但是事實上他們的判卷標準是很獨特的，如果你不能瞭解他們的判卷規則，你永遠也得不了高分。他們很在意學生的理解和闡述能力，在大大小小的期中期末考試中，英國學校要考驗的是你對相關知識的掌握能力而非依葫蘆畫瓢的本事。如果你在答卷的時候能表現出對題目的理解和對如何解決這一問題的過程的正確闡述，即使是在最後一兩步出現了計算錯誤，你也會獲得這個題目的大多數的分數。相反的，如果你很清楚怎樣解題，卻很簡單的列了很有限的幾個步驟，或最後結果，即使是結果正確，你也只能得到很少的分數。舉一個很見的例子：

$$1+1+1=?$$

華語區學生一定會在後面寫個3——很簡單的事實嘛。可是這樣你就丟掉了本題大多數的分

數。如果你的答案是＝（1+1）+1=2+1=3，你將會得滿分。

華語區學生的一個很大特點是喜歡省略步驟、耍小聰明。這和華語區傳統教育思維有關——只要最後答案是對的，就默認為你完全理解了，可是這樣造成很多弊病。然而英國教育很重視按部就班，也就造就了很多嚴謹成功的著名英國工程師和科學家，這一點是我們在學習和工作過程中都要向他們學習的地方。如果從小事就不嚴謹和按部就班，那做大事的時候也必然不會審慎。

這就造成了有的同學雖然最後答案全對，但並沒有拿高分，而最後結果錯誤的學生反而分數不低，所以最後只是答案對是沒用的，也不要抱怨老師判卷不公。只能說你不瞭解他們的原則，丟失了得高分的機會。

寫小論文

講師給學生的作業也列入最後成績的一部分的，而且課後作業讓學生自己發揮的空間很多，最典型的是小論文（Essay or Assignment）。這種小論文都很短，但要有自己的理解和創意。切忌雷同和抄襲，不過有華語區學生發現因為沒有注意把抄襲和引用區分開來使得小論文得了零分。這是很遺憾的一點，同學一定要注意。英國的學術研究即使是從小學生作文也很重視別人的著作權，當你在自己的作品中引用別人的判斷、總結、數位等資訊時，一定要註明出處。這點在華語區教學中很模糊，但在西方是很嚴重的事情。如果被發現你的文章中有一整段直接引用他人的已發表部分，講師有權利判零分。最後一點是，單純一個英國碩士學位在英國並不比本科更有優勢，除非你在國內有過相關工作經驗。

由於研究型碩士課程通常被視為博士的預備課程，而課程性質也與博士課程相類似，所以以下將只針對博士學習過程作論述。對於三年博士學習生涯，作者的博士導師曾在指導過程中講過一段精闢的話，這裏作者概括成一個圖表加以詮釋，此圖顯示了讀博士過程的屈折過程。

第一年主要是對背景知識的掌握和文獻檢索過程，當確定了課題，你的進度將會非常迅速。然

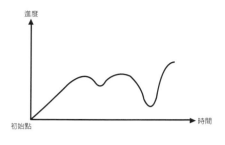

而到了第二年你的進程就慢了很多，其中會有誤入歧途的時候，這就是第一個低谷所代表的小挫折。之後的努力會使你很快走出低谷進入另一個穩定期。最後一年撰寫論文的時期也就是每一個博士生要經歷的最大的低谷，恢復的過程非常緩慢，這一時期往往是很多博士生放棄初衷無法再繼續的關鍵點，但如果你挺過去了，那最後的勝利僅有一線之隔。當你又恢復到當初的進程上去了，接下來僅需要一點點努力就達到了最終的小小陡坡區，即提交論文。當你成功完成了博士學習之後，學到一種研究態度。大多數英國學校的博士畢業證都只會寫某某獲得Ph.D.學位，而不會具體提到你的專業。這是為什麼呢？Ph.D.是Doctor of Philosophy的簡稱，授予你此殊榮的條件是承認你在普遍的哲學研究上到達了一定的水平，而非你在特定一個領域的特

定貢獻。也就是說，它承認你具有了一種系統的研究方法和能力，而非你論文中的那具體一點點貢獻。在這三到四年當中，你收穫的是一種普遍的學習方法，而非對某一具體專業的有限的創新和貢獻。創新和貢獻都是暫時的，而技巧的掌握是永恆的。就如同你學會的是可以沿用一輩子的釣魚的技巧，而非堅持幾天的幾條大魚而已。今後你在研究和教學的過程中，你照樣可以輕鬆的把這些研究方法應用到完全不同的領域，授予不同領域的學生。

學到一套研究方法

博士研究絕對不是閉門造車。除了學術上的造詣之外，與其他學術界人士的交往——比如說通過參加會議、登門拜訪、辦講座等機會，多認識學術界朋友。與其討論專業的知識將會受益匪淺。同時也不要忽略了與工業界人士的接觸，畢竟科研和現實是有一定差距的。

留學之前的心理準備

目前大多數留學輔導書，仲介

機構往往只重視物質準備而忽視了心理方面的教育。而實際上心理準備比物質方面來的更重要。機會是留給那些有準備的人，只要做好了心理準備，任何挫折都可以迎刃而解。以下我們歸納了幾個典型的留學生到英國後的心理狀態轉變。

熱情似火

每一個研究生剛開始對未來都充滿了無比的希望，對自己的留學過程具有巨大的熱情，所以第一個半年可能是你留學過程中最開心最容易度過的時期，因為面對新的環境、新的人以及不同的語言，所有的一切對你而言都充滿著吸引力，而你也會對周遭的一切充滿著好奇心，想要一窺究竟。在此時，放膽去探索，放手去追吧！因為很快的你將會因為漸漸熟悉身邊的一切而失去興奮感，取而代之的是一長串的書單，與寫不完的作業。

無助感

通常無助感在碩士班研究生身上並不明顯，因為英國各大學都有完善的國際學生支持系統或課程，其中包括免費的英語加強課程，或由當地教堂或善心人士所組織的國際學生聯誼活動等。再者，系上也會有一個專門幫你解答有關選課等學習方面的導師，所以一般而言碩士班研究生較少產生孤獨感。博士生就不同了，你將把所有研究精力花費在一個非常專業的課題上，有時你會覺得身邊的人無法幫助甚至理解你的課題。在這三、四年的時期內，你會經常感到無法與人分享的孤獨，要怎樣克服這種無處可訴，知音難覓的感覺的？最重要的是要時刻提醒自己，之所起最後配得起這個博士稱號是因為你是你所研究的這個課題方面的專家，如果別人對你的研究耳熟能詳，你也就不夠格做博士了。所以選擇讀博士之前，要做好自學、自立的心理準備。

永遠讀不完的文獻

在碩士階段，如果你能把導師開給你的書單全部念過就很了不起了，當然若有餘力，沒有人會因為你多念書單以外的書而怪你。博士論文的主要要求是要對你所屬的領域有所貢獻，原創性（Originality）與該論文是否為你

自己寫的，此兩點將會是答辯官最後判斷你幾年工作的成果通過與否的主要依據。因而，徹徹底底的瞭解全球範圍內你的領域現有的研究成果，甚至正在進行的研究計畫，從而創造性地擬定一個新鮮的課題，將是一個博士學位不可或缺的必要要件。第一年的時間，學生一般要穿梭在圖書館中，閱讀相關文獻，這一文獻檢索的過程說起來簡單，反而是很頭疼，很麻煩的一個過程。而且這一動作將在以後的幾年中繼續下去——你將即時追蹤最新發表的期刊和會議論文，瞭解你研究領域中的最新潮流。甚至在上交論文後等待答辯期間也要適時掌握最新文獻，以防答辯委員問及這類的問題。

厭煩感

由於英國碩士課程十分緊湊，一年的短暫時光很快地便在認識新朋友、新環境、上課、寫報告及論文中度過，因此，厭煩感鮮少在碩士研究生身上產生。厭煩感多半出現在需歷時較長的博士生身上，理科生沒完沒了地重複實驗，文科一遍一遍的修改文法，很多時候你會覺得你是在做重複動作，有種浪費光陰，一無所獲的感覺。一項好的博士研究，一本優秀的博士論文要求學生一百分的嚴謹，任何疏忽都是要不得的。要意識到讀博士首先需要的是耐性，可以說在你順利取得博士學位後的餘生裏，只有在讀博士階段，你能不受其他因素干擾的、獨立專注的對一個問題進行全面研究。不管你以後從事研究工作也好，為企業效勞也罷，幾乎總是讓研究預算，截止期限，可利用資源限制著，目的性代替了單純性，利益代替了貢獻，效益代替了嚴謹。

對自己能力的懷疑

學習是你自己的事，此點在碩、博士的學習上皆然。在碩士階段，課程的安排及導師的協助將會有系統地、一步步帶領碩士研究生瞭解其感興趣，且有把握完成一本論文的領域或課題。一般情況下，若能通過平時課堂所繳交的作業或課堂的考試，最後完成論文取得碩士學位並無多大問題。博士階段的困難度就相當高，既然你要選的課題具有獨創性，就是說尚未有人有

眼光或有能力系統的研究過這個問題，因此，也造就了它的難度和挑戰性。有人百思不得其解，別人有愛莫能助，課題就將在那裏，沒有任何進展。這種瓶頸相信每個讀過博士的人都會經歷過，這種時刻也是考驗你對自己能力的信心的最好時機。為什麼你看別人的博士都順順利利呢？其實這只是一種「對面的草永遠比較綠的假像」。我認識的博士沒有一個人說他的博士讀起來輕鬆至極，簡單得不得了。但每個走過的人都經過了困難的挑戰，有時是運氣，有時是良師指點，更多的是自己的努力，以致於自己找到了解決問題的途徑。大約在中間階段，你也就自然而然的找到了「山窮水盡疑無路，柳暗花明又一村」的感覺了。其中關鍵是要相信自己的能力，不要放棄。

難以不恥下問

與缺乏自信心相反的是過度自信、自傲，拉不下臉來向其他人求教。三人行必有我師，你對自己專業有所造詣，並不代表你可以萬事皆通。攻讀碩、博士學位另一個目的是瞭解自己的極限，知道自己的弱點而後加以補足。學得越多，才真正能意識到自己懂得越少。在英國很容易看到和藹可親、謙虛謹慎的大牌學術專家教授。半途而廢的碩、博士生不乏其數，個中原因種種，最重要的是沒有做好適當的心理調整。事先把事情想像得太簡單，遇到困難又沒有任何準備去應對。作者的同學中不乏在出國前在該國是高幹領導人，有些人到了英國後仍然改不了在國內養成的愛支使人的習慣，什麼都不會，任何事都依賴別人的幫助，還擺官架子，自以為別人對自己的幫助是理所當然。要知道每個博士生都很忙，唯有以誠待人，謙虛好學，別人才會願意抽出寶貴的時間與你分享他的經驗和知識。

小結

好的計畫是成功的一半。本章對英國大學的碩士、博士教育體制進行了剖析，有助於讀者制定整個留學期間的學習和生活計畫，早日完成學業。

3 出國前準備

　　如果你已經覺得自己第一、二章都熟悉了，那恭喜你已經對英國教育體系有了瞭解，決定了自己的學習目標。下一步我們將帶你一步一步度過美滿的留學時光。

英語關

　　出國前英語這一關一定要過，我們並不是指TOEFL、IELS考得多高，而是到一定程度可以自信的開口對話。讓英國人自己考那些彆腳的英語考試可能還沒我們考得好，日常對話英語詞彙量不過幾千，但是習慣用語和專業英語考試的詞彙相差很多。當很多留學生開始在英國的生活後，突然發現很多日常用語根本就不熟悉，從而造成了很多麻煩和不便。英國雖然很小，但每個地區都有自己的方言，但他們的學校教育又沒有像華語區一樣系統的標準普通話，有時甚至不同地區的英國人之間交流都有困難。很多人抱怨國內沒有學習英語的環境，具我們觀察的確如此，最明顯的例子便是電視上所播的英語電影，我們實在不解為何已經在螢幕上打了中文字幕還要再加上中文配音，中文配音不但大大扭曲了英語之美，更抹煞了青年學子透過電影學習英語的機會。幸運的是現代科技可以彌補這方面的不足，例如：若家裏條件許可可以透過網路收聽或收看英國國家廣播公司（BBC）的節目，BBC英語是英國一般公認較正統的英語，透過BBC不但可以學習到英國的習慣性用法，更可以熟悉英國口音，更重要的是完全免

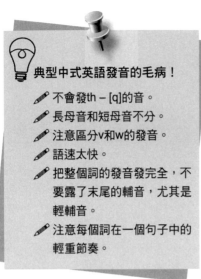

典型中式英語發音的毛病！

✏ 不會發th – [q]的音。

✏ 長母音和短母音不分。

✏ 注意區分v和w的發音。

✏ 語速太快。

✏ 把整個詞的發音發完全，不要露了末尾的輔音，尤其是輕輔音。

✏ 注意每個詞在一個句子中的輕重節奏。

網路電臺看這裏

BBC Radio 4

www.bbc.co.uk

個小竅門。集中精力在這幾個小竅門上，不用花很長時間，你的口語及聽覺上就會進步神速。

如果能在「典型中式英語發音毛病」的幾個小缺點上努力改正，你的英語發音水準將會突飛猛進。但是學習英語是個長期的過程。不要只局限於小計量。懶惰是要不得的。長遠看來，日積月累的模仿練習才是學好標準發音的根本。

提高英語水準不是一朝一夕的事情，堅持不懈才是根本。大家可以尋找一切機會練習，例如：可以線上收聽的電臺，口音非常標準，是模仿的好對象；其他還有原版英文讀物，電影都是很好的途徑。練習的時候要注意大聲朗讀、大量閱讀、不要怕犯錯誤。英國本土有一些習慣用法可能是我們從來沒有接觸過的，在字典上也很難找到。本書在附錄中列出了作者總結的一些類似的片語和習慣用法給讀者參考。他們各自的用法和意義也加以區分，從而使讀者不會用錯了場合。

費，真可說是一舉數得。

有一些迅速提高口語發音水準的小竅門在這裏與大家分享一下。很多朋友問有沒有迅速提高自己英語發音水準的方法，能使中式英語聽起來更標準一點。其實這裏有幾

自理能力

從開始留學的第一天，到達學校的那一刻，你會立刻感受到與國內熱鬧的情形完全不同的境遇。舉簡單的例子，你要開始一個人去超市為自己買東西，一個人在廚房裏做飯，一個人躲在角落裏吃飯，完全沒有了家的感覺。你的室友有可能不是華人，這時你要開始用英語對話，遇上英語不太好的其他國家留學生，你還要適應他們的口音。當你發現自我表達是那麼困難時，你同樣發現到要理解別人話裏真正的意思也成了難題。與華人不同，外國人很少喜歡集體活動，更不會勾肩搭背，以兄弟相稱。一開始你可能會覺得很孤單，不知所從，因此建議可以多與本國人交往，在這一段困難時期，有志同道合的朋友相互鼓勵是很重要的。但同時也不要忘了適當增加自己的外國朋友圈，不要只把自己關在小屋子裏羞於與人交往，也不要只和華人交往。只要你肯開口試，口語的進步是很迅速的。當你花三個月時間能用簡單的英語表達自己的想法理解別人的意圖，你的自信心將立刻恢復。

千萬別小看了柴米油鹽的小事，如果你可以輕鬆買到自己日常食材用品，在廚房裏遊刃有餘，你的留學生涯將會豐富很多。你也許覺得自己沒有必要屈居做廚師（娘），不是有的是飯店嗎？很多大城市裏有中國城，中國餐館外賣也很普遍，但是口味往往英國本地化，和真正你所熟悉的中餐是不同的。所以作者建議你出國前可以學幾種烹調技巧，瞭解一下食物搭配等常識。一來家裏不必擔心你的衣食住行，二來你可以在閒暇時光與朋友切磋技藝，或在節慶聚會中嶄露頭角擴大知名度，說大一點與外國人交往時，更可以弘揚我國悠久的飲食文化。本書附錄中有準備一些在英國日常比較常用的蔬菜、食物、飲料的單詞和解釋給大家參考。

基本法律意識

有留學生因殺公園裏的鴿子來吃，被驅逐出境。最普遍的讓華人吃虧的例子就是租房合約了，仲介公司總是想方設法謀取最大利益，

我只是留學，怎麼會有法律上的麻煩，不懂也罷？

官司儘量少碰。大多數華人留學生來英國之前都很少想去瞭解英國的基本法律制度。不知道自己將會有什麼樣的法律責任和義務。拿法律保護自己也是很少有的行為。

很多華人不習慣研究合約就草草簽字，結果被暗藏的條款害到房錢兩空。一個普遍存在的現象是，有些華語區留學生承租一整層公寓，自己住在其中一個房間，在將其中一、兩個房間分租出去，並從中收取較高的租金，從而自己付較少或根本一分錢都無需付，簡單地說就是自己當起「二房東」，在決定當「二房東」之前需確認你與房屋仲介或房東之間所簽的合約有沒有明文禁止轉租的行為，有些房東非常忌諱此類行為，弄不好還會吃上官司，不可不有所警惕。車子被許多男性留學生視為「標準配備」，購買車子的同時記得一定要另行購買汽車保險，因為在英國車子的汽車保險是強制性的，很多人冒險不買保險就開車上路，法律意識極其單薄。

法律不僅僅是限制你的方式，也是保護自己的工具。每個大學都會有學生諮詢處，有指定的免費律師幫助學生保護自己的利益。作為學生身份你一定會受到保護的，前提是你有意願保護自己。如果你在任何事件中被欺騙或傷害了，一定要勇敢站出來保護自己的利益，法律面前人人平等，不要甘心忍氣吞聲。維權包括很多方面，最簡單的從鄰居的夜半歌聲擾民、被酒鬼騷擾都可以報警，英國的員警被評價為全世界最親民員警，不是白選的。在你用法律維權的同時也要意識到你也是被同樣的法律約束著，如果你半夜聚會搞的四鄰不得安寧就不要奇怪為什麼員警回來敲門了。即使是很小的細節上也容易給自己帶來麻煩，比如說好不容易把三十公斤的行李拖到了西斯羅機場，結果被海關查到多帶了一條煙，或攜帶了禁止攜帶之食品而遭到沒收和罰款。

人身安全問題

說到這裏就要著重討論一下安全問題。英國雖然是發達國家但近年來屢屢發生的留學生被迫害事件，不得不提醒對年輕沒有經驗的華人留學生來說人身安全是很大的一個問題。首先學生就是社會的弱勢人群，加之華人明顯的身體外觀特徵，註定我們是英國社會上的少數人種而更易成為攻擊的目標。另外近年來很多華人留學生大手大腳花錢的習慣讓英國社會驚歎不已，連罪犯也改變策略轉向亞洲留學生了。一般來說無論你背景如何最好低調一點不要太惹眼，英國人這一點就很值得我們學習，你在商場或餐館裏見到一個很平凡的老人家很可能是一個名人甚至高官。財不外露是很好的自我保護的一種預防性措施。要意識到華人留學生在白人主導區是弱勢群體。近年來英國更是報導了很多華人受害案件。大家如果經常流覽BBC網站的地方性新聞就會對社會治安方面有所瞭解。

英國大多數街道都有二十四小時視頻監控系統（CCTV）目的用以減少犯罪率，萬一遭到危險情況建議馬上脫身不要逞能也不要在乎身外之物、注意記清楚當時的狀況、對方的長相、時間地點等資訊，儘量留證據。事後要及時報警，員警即可通過重播當天的CCTV對案情作出查處。英國某些小城市的犯罪率還是挺高的，防範是避免受侵害的最好方法，一些基本的常識也適用於英國，尤其是留學生租用的住所一般比較簡單，防盜功能很差，平時要非常注意出門要鎖門關窗，進門要先觀察一下四周有無人跟蹤然後再開門。像倫敦這樣的大城市夜間槍枝犯罪還是挺普遍的，晚上儘量不要太晚回家，道路選擇上要儘量選擇大路不要截取小徑，夜行時路上要注意有無可疑人士跟蹤。隨著美國少年團夥犯罪傳入英國，大城市的年輕人受到了很大的影響，加之英國學校施行無懲罰式教學，學生學習負擔又輕，青年犯罪成了很大的社會問題。如果你被十幾歲的小孩子，尤其是一撮人騷擾也不是新鮮事，遇到這種情況最好走為上，之後再向員警報告或說明情況，這種事如果鬧大了很難說清楚，尤其是那些未成年人受法律保護，即使犯了罪量

刑也很輕，這可能是英國社會現存一個很大的弊端之一。

英國的老房子很多，內部多為木製結構，由於學生疏忽而造成的火災很普遍，尤其是華人做菜習慣爆炒，要小心可能會把火警警報器弄響，在租用房子的時候也要主意檢查有無火警系統，廚房裏也要配備滅火毯和小型滅火器。學校宿舍都會配備，所以租用私人住房時一定要注意這些。雖然失火的事故畢竟是罕見但是萬一遇到了第一要注意的就是逃逸，租用房中的內門一般是防火門，在火警被驚動之後你還有些時間逃跑，千萬不要急著找自己錢財物品，也千萬不要試著去滅火，你自己的生命永遠是最重要的。在個人健康上，不要看到英國表面上環境很好就感覺自己不會得病，自我保護的意識永遠都要有。英國的愛滋病帶原者的人數還是滿高的，加強安全性行為的觀念是非常重要的，大多數大學的學聯會（Student Union）有提供免費的安全套，千萬不要為了省錢而葬送自己寶貴的健康。

選學校和專修

實施留學計畫的第一步是選學校和專業，要根據自己的個人情況和英語成績選擇合適名次的學校，當然名次越高的學校對你申請獎學金和將來找工作等都更有幫助。不過英國並沒有官方學校排名，但是，有很多機構每年都有自己的評比，例如British University Research Assessment Exercise。要注意學校排名不等於專業排名，一個大學綜合排名可能中等，但其某一專業卻在全英排名列前茅。所以做出選擇之前要仔細研究一下，篩選有限幾個學校的相關專業作為候選名單，甚至對於學校所在的城市也要有所瞭解，有些城市的居民存在著嚴重的種族歧視。英國的大學良莠不齊，一定要有目的的申請你真正感興趣的學校和專業，盲目的申請將為你以後帶來很大的不便甚至懊悔。有人把讀博士看作一個轉變專業的契機，既然你在以前大學學習中並沒有對你所學專業產生任何興趣，那也沒必要為了讀博而堅持下去。適度的調整一下研究方向是完

全可行的，但這裏並不鼓勵你從一個藝術專業學生轉變到生物工程，那成功的可能性幾乎是微乎其微。仔細觀察一下英國的博士學位包羅萬象，上到國家政治，下到物業管理無奇不有，要找到一個與你已學專業有點聯繫，而更有興趣的專業很容易。關鍵是你自己要對研究領域要充分的興趣，不要三分鐘熱度，最好的判斷方法是進入專門領域的網頁，其中都有主要學科帶頭人的簡歷和他們系所近年來的研究課題發表著作，考慮一下他們的研究專案對你是否有足夠的吸引力，你是否相信他們研究的貢獻性，他們的研究方式是否在你的期待之中。例如，若他們所有的研究都是以實驗室操作為基礎的，要考慮一下你是否能不厭其煩的反覆做實驗，謹慎分析，有沒有足夠的數學能力。如果他們的課題涉及大量社會調查，你要看看自己是不是喜歡和陌生人打交道，增強你的溝通能力是不是你的一個目標之一。

有些學生因為當時申請學校的時候很盲目，沒有綜合考慮到具體生活學習以及對日後找工作的方便性，而後悔自己當初的決定。這些都是我們不希望看到發生的，比如說華人學生能對英國的地理分佈不夠瞭解，想像中英國是個城市化很大的發達國家，但除了幾個大城市像倫敦、曼徹斯特、伯明罕、愛丁堡、格拉斯哥及布里斯托外，英國大多數城市都大概都不如亞洲國家一個小城鎮大。小鎮更是老年人的天下，相比之下少了很多活力。很多華人來了都感覺到了荒原山區和鄉下，生活極其不精彩，失望自然在所難免，另一方面又有選擇了在倫敦上學的學生抱怨昂貴很多的生活費用。

這裏簡單介紹一下英國地理概況。英國是由大不列顛島上的英格蘭、蘇格蘭和威爾士，以及愛爾蘭島東北部的北愛爾蘭共同組成的島國，還包括一些英國海外領地。英國國土面積24.36萬平方公里（包括內陸水域），英格蘭地區13.04萬平方公里，蘇格蘭7.88萬平方公里，威爾士2.08萬平方公里，北愛爾蘭1.36萬平方公里。人口：約5884萬，其中英格蘭4918萬人，威爾士290萬人，蘇格蘭506萬人，北愛爾蘭169萬人。可以看出，占地一半多一點的英格蘭地區的人口

是整個國家人口的80%多。而蘇格蘭地區雖然幅員遼闊（全國30%）但是人口不到全英國的十分之一。僅倫敦一個城市的人口就比蘇格蘭和北愛爾蘭加起來的人口還要多。人口的分佈不平衡，也表明了大學分佈不平衡的事實。大倫敦地區是以倫敦為中心及幾個衛星城市的一個區域，在這裏集中了幾乎全英國的政治經濟文化的精華，當然大學分佈非常之密集，名校眾多。但這個地區的消費水準也比較高，尤其是倫敦市學費也較高。這一地區不免也有一些小學校或新建學校濫竽充數，有的甚至不能提供國際承認的學位證書。申請之前一定要查好學校排名，避免進入資質很差的大學。在倫敦地區學習的費用很高，交通擁擠，但是好處是見識廣，工作資訊多，旅遊方便。其他的二線城市也是不錯的選擇。英格蘭很多大學城都是鄰居，學校交流機會會很多。工作機會也是有的，國內旅遊業很方便。其他的小城市對於來自擁擠的亞洲的留學生來說可能會需要一段時間適應，因為太安靜、太平淡了，居民的口音也比較重。有的小地方可能連中國超市也沒

英國大學排名

不同機構所做的調查其結果亦不盡相同，在此僅提供幾個比較普遍的機構所做的調查供參考：

- 英國大學指南：
  www.thecompleteuniversityguide.co.uk
- TIMESONLINE（建議上網搜索時以TIMESONLINE Good University Guide為關鍵字）
- UKEAS
- British university research exercise

在選擇學校的時候也要留意一下學校所在城市的治安情況

英國政府每年都有對各地區犯罪率的統計
http://www.homeoffice.gov.uk/rds/ia/atlas.html

有，吃飯也就成了問題。

英國是溫帶海洋性氣候，通常最高氣溫不超過32℃，最低氣溫不低於-10℃，平均氣溫1月4～

7℃，7月13～17℃。多雨霧，秋冬尤甚，有一日四季之特點。冬天不冷，夏天不熱，除了雨水多，氣候還是很舒適的。但是由於英國是南北分佈，窄長的國土面積，使得南北氣候差異還是有的。蘇格蘭，北愛爾蘭地區氣溫比英格蘭，威爾士要低。蘇格蘭西部的降雨比東部要多。

學校排名雖然不是絕對因素，但一般來說排名高的學校，其設施及學生和教師的素質都要高一些，而百名以後的學校可能連像樣的學生會或俱樂部也沒有，另外系所的排名越高，獲得獎學金的機會也越大，當然這也意味著競爭也會增大。看英國大學的排名，應該以科系為基準，看綜合排名的實質意義不大。

充分瞭解將來的學習條件

每個大學由於資金分配方式不同、政策不同、學生待遇也不盡相同，即便是同一所大學不同科系待遇也大相徑庭。一般大學圖書館和各系所的公共學習室會配有公共電腦及學習桌，每個學生報名的時候都會被分配一個用戶名和密碼，同時你的個人信箱也被建立了，但這個帳戶和信箱的存儲空間是有限的，因此，需要有一台專屬於你自己的電腦，碩士生一般是不會提供電腦的。大部分的系所都會為博士生提供專屬的電腦和固定的桌子，如果有固定的空間，你會將與幾個人合用一個辦公室，至於條件好壞就要看系所的資金來源了。出國前最好透過電子郵件詢問一下系裏的硬體措施如何，好做準備，但大部分的學生還是偏向於自己帶筆記型電腦。圖書館大小也是個很重要的考慮因素，去之前可以在網上瞭解一下該校圖書館的規模設施以便心中有數，因為研究生學習期間將會花很多時間在那裏尋找資料閱讀，甚至學校附近其他院校有沒有可借鑒的圖書館也要瞭解一下。一般而言，學校圖書館都是免費提供給學生的，即使是外校的學生通常亦可以憑學生證自由進出，安靜的學習環境和豐富的館藏將為你的研究工作帶來很大的方便。

此外，英國各圖書館兼有提供跨館際借書（Inter-library loan）的服務，例如，你想參閱某本書而

上-圖書館自習區
中-圖書館電腦
下-圖書館藏書

你所在學校的圖書館沒有，而是收藏於其他圖書館。此時，你可以透過學校圖書館向藏有該書的圖書館借，此項服務在某些學校是免費的，某些學校則會酌收書本的郵寄費。另一個非常方便的資源是線上期刊檢索系統，此系統幾乎涵蓋所有學門權威性的國際學術期刊，你可以使用學校所提供的使用者名稱及密碼進行檢索，在此系統中搜尋你需要且有興趣的文章，在此系統中閱讀文章大部分是免費的，只有少數期刊需要付費閱讀。

選導師

英國的學術風氣非常自由，在碩士階段，等你上了課之後再根據自己的興趣選導師不遲，有些學校則會幫你指定碩士導師，所以也沒有所謂選擇的困擾。到了博士階段，一旦你確定了有限的幾個系所準備申請之後，就要非常慎重地選擇導師。導師的良窳對你能否順利地研究，按時畢業無疑是的至關重要的因素，因此一定要慎重。若你在申請學校時沒有指定特定的博士導師，學校便會根據你研究計畫的內容幫你指定一個研究領域相似且有意願指導你的教授。若你所申請的學校沒有可以指導你的教授，則通常不會發給你入學許可。為了節省時間與不必要的浪費，在此建議準備讀博士的準博士生花一點時間在你想要申請的學校網站上流覽，並可以主動與教授透過電子郵件聯繫，根據我們的經驗，英國的教授對電子郵件的回覆率相當高，也非常直接，所以放手去做吧！

以下歸納身邊博士生選擇導師的經驗以提供讀者參考。

第一是導師的專業影響力

每個系所都會有幾個資深的教授帶領眾多的研究小組，一個簡單的方法是去學校網頁查找博士導師的簡歷，在學科影響力大的導師在大型期刊上的著作也必然較多，但要注意不要把會議期刊算入在內，因為所謂國際學術會議的審稿原則是很低的。另外一個方面是看導師手下的專案多少，資金是否雄厚，因為這對你申請獎學金至關重要。這些一般在學校系所的網站上都有介紹，如果沒有，可直接聯繫導師本人進行訊問，但我們並不是讓你

直接問導師有沒有獎學金給你，這樣反而會弄巧成拙給導師一個壞印象。你可能會吃驚的發現這些大牌的教授其實都還很平易近人的，十有八九會回你的郵件。經驗豐富的導師會一眼看出你是不適合他們的研究方向，還會給你適時的建議。

第二是導師帶博士的經驗

年輕導師與資深教授各有其優缺點，年輕導師較具活力，有較多的時間花在學生身上，與學生之間也許有較多的共通語言，缺點則是缺乏經驗，他可能自己還在摸索如何帶學生，所以有可能帶著學生撞得渾身是傷。資深的教授經驗豐富、閱歷多，帶過的學生無數，應變能力也強，但缺點則是太忙，學生有可能一個月都見不到一次面。儘管如此，我們還是建議不要申請沒有經驗的年輕講師，以避免你不知道將面臨什麼事，而導師也在摸索的窘境。這一點要看他的出版物多少，曾經指導的學生多少及其成就。

第三是導師的人脈

這一點可以從導師的研究專案簡介中得出，如果研究專案多樣，又是常和工業界或其他著名機構合作者，說明其具有很強的人脈。作為一個外國留學生，一個可以利用的快捷方式便是導師的人脈，這是個很好的擴展自己接觸面的方式。在今後的研究中，導師的幫助對於資料收集，專家拜訪都是很有收益的，甚至對你將來找工作也會有所幫助。最常見的例子是學生畢業後立即成為導師的研究助手，從而順利的在大學從事研究工作。

即使你考慮了以上所有方面，讀博士過程還是有很多不確定因素。其中關於導師的不確定性包括以下幾點：你的博士是掛牌在最初選擇的導師名下，任何人事變動都會影響你的博士學位。例如一個學生在某大學入學，然而導師中途換到另一所學校就職，該學生也就自然被帶到了那個學校，成為了他們的畢業生。還有學生因為導師不幸猝死，而失去了專案基金，最後不得不放棄博士學位。當然這些情況發生的概率很低，但你也要有所瞭解以防萬一。

有關獎學金

英國的官方獎學金的數量並不多，但是，只要你用心找一般都能找到資助。在餐館打工可謂是不得已的下下策了。

最簡單的方式是向學校詢問對於你的情況有哪些獎學金可以申請，一般情況下若他們有獎學金機會將會積極回覆，若沒有機會也會據實以告。

申請獎學金一定要獲得導師的支持，但你的研究能力才是導師真正看中的，不要讓他有錯誤印象說你只是為了有獎學金支持才讀博士的。申請正式獎學金的時候會要求你寫一篇研究計畫（Research Proposal）。你可以儘量往導師力所能及的領域靠近，不要寫一些風馬牛不相干的東西出來，多著重你的研究會有何種貢獻，而且這是在導師幫助下，系所已有設施和條件下你的能力可及的。所以撰寫研究計畫之前也一定要對系所和導師有很好地瞭解。如果你的導師是研究昆蟲的，結果你的計畫只涉及哺乳動物，那評審就不得不奇怪你為什麼選擇這個系所，這位導師了。要

注意，獎學金也只能發放一至三年的時間。如果你的研究超過了這個時間限制，那你以後的生活費用就要自己解決了。無論你自身條件如何，建議你多考慮一下申請獎學金。如果你申請，還有可能獲得，如果不申請就絕對拿不到。

獎學金的申請也牽扯到研究方式的選擇，在這裏簡單地介紹一

獎學金與申請辦法

- Overseas Research Scholarship（簡稱ORS，此獎學金只提供給研究型碩士生或博士生）
- University Scholarship
- EPSRC Scholarship
- 蘇格蘭國際獎學金 Scottish International Scholarship Programme http://www.scotlandscholarship.com/
- 還有British Council China提供的一些資訊 http://www.britishcouncil.org/zh/china-education-scholarships.htm
- 英國Chevening獎學金 http://www.chevening.com/
- http://www.jobs.ac.uk

下。博士就讀方式可以獨立完成一個小計畫,抑或加入到一個課題組,亦即和其他研究院一起研究一個課題。這兩種方式各有利弊,當你要就讀的系所正好有專案基金,或正在申請一個專案,他們有可能把你列入人員名單,畢竟博士生比研究員便宜。這個系所很可能會幫你完成你的研究計畫。這種系所往往擁有大型的工作室、作業設備、先進的課題。在這種情況下,你獲得獎學金的機會就更大些,這種情況在理工科重大專案中很普遍,例如:生化醫藥、工程、電腦、材料、環境科學等;以及少數社會科學像心理學、健康學、歷史人文等。這種已定課題的獎學金更像是一種研究工作。學習的意義少一些,打工的意思多一些。你對導師的義務反而很大。導師自己也對如何完成專案更加關心一些。如果他又是專案的主導人,那他會更側重如何管理手下的人手而非個別指導。而且你會發現,研究小組裏的每個人都比你大,比你重要。相對而言,你的博士學位反而是他們最不關心的。

一般來說,雖然獨立研究專案的研究方式獲得獎學金的機會小一點,但當然它更自由。你自己有自主權,隨時可以有限度的變更研究細節,導師對你的指導也是很針對的。整個博士讀完,你會很清楚整個步驟,不會有任何灰色區域一知半解,最後答辯的時候也將更自信。

對於選擇獨立研究方式的學生,寫好你的研究計畫是重中之重。首先創造性是獲得獎學金的必要條件,如果你的研究計畫早在幾年前已被你研究的徹徹底底了,那為什麼別人要資助你做重複的研究呢?所以說對於你所要就讀的專業

申請獎學金竅門看這裏

✏ 如果你的碩士是在英國獲得,那獲得獎學金的概率比持有國內文憑的更大些。

✏ 如果導師研究的計畫眾多,手下有許多研究員,其掌握的研究經費也富裕一些。

✏ 如果你曾經有過相關工作經驗,更容易得到獎學金。

✏ 理工科比文科更容易申請到獎學金。

要有充分的瞭解。多讀國外的期刊雜誌，會議論文。要捕捉到前沿的東西，不要人云亦云。當然，你即使在入學之初對自己的研究方面非常明朗自信，但課題變動的可能性是很大的。並不是說，你當時寫了什麼研究計畫就非要堅持三、四年的時間來研究它。事實上大多數博士生在做完文獻檢索時往往改變了自己的初衷，甚至在研究過半的時候突然轉變的也不少。最後發現成型的博士論文和自己幾年前的計畫相差甚遠。

獎學金的競爭是很激烈的，獲得的機會也很小，但不要灰心，即便你事先沒有獲得官方或學校級的獎學金，只要你選對了導師，他們都有自己可支配的專案經費，所謂半工半讀是指在做計畫的同時獲得獎學金大概是最普遍的途徑了，這也就是為什麼上文強調選導師是一個非常重要的環節。

其他

申請簽證

許多學生委託留學代辦代理申

請簽證，這是其中一個方式。若你想省下這筆費用，可以嘗試自己申請，其實很多網上都可以查到有關申請簽證的資訊。

英國簽證申請中心網站
http://www.vfs-uk-tw.com/

從2009年4月15日起，英國貿易文化辦事處將停止簽證受理服務。所有在臺灣的簽證申請，也於2009年4月15日起轉至位於馬尼拉的英國大使館受理。申請簽證所需的時間為5～15個工作天。

收到通知書

一般情況下從你寄出申請函到收到學校通知需費時二到三個月的時間，無論是拒絕申請、有條件入學或無條件入學許可，學校一定會給你明確的答覆。若等待四個月之後還沒有聽到學校方面的回音，便是時候該與學校聯繫了，因為你

的申請函有可能寄掉了，建議可以向學校的註冊辦公室（Registry Office）發電子郵件詢問。

聯繫學校宿舍

第一次去英國的人，我們不贊成直接找私人出租的房屋。一般學校會給新生安排集體宿舍，所以要在去學校之前和學校國際學生處聯繫好。通常每人一個有單獨房間，但要和室友分用一個廚房。有的房間是帶有洗手間的，有些是要和室友公用的。

衣物，學習用品

不要帶太多的衣物和化妝品之類的東西，英國的化妝品衣物有的比國內還便宜。尤其是每年夏天和耶誕節後打折期間你會找到很多物美價廉的好東西。英國是個島國，又是溫帶海洋性氣候，沒有非常明顯的四季溫差。大多數日子裏，你會感覺是春秋天的樣子，夏天不熱，冬天不冷，但南北差別還是挺大的。在北蘇格蘭，你幾乎穿不到幾天的裙子，在英格蘭南部冬天也不必穿棉衣，穿得最多的是擋風遮雨的大衣。沿海的城市會有大風，

大風伴雨的時候，雨傘是根本無用武之地，你會發現街上的垃圾箱裏塞滿了被風折壞的雨傘，所以在那些城市你最好準備好防水的大衣。如果你的身材不是特小號，你可以等到英國購買，其實質良好的大衣價格也不比國內貴多少。中文專業書籍可以適當帶一些，但不要太多否則養成依賴中文教科書的習慣就不好了。

小結

令很多人困擾的問題是出國前要做哪些準備，其實生活上的自理能力是非常重要的。生活照料好了，才有更多精力投入學業中。

學校宿舍

上-宿舍廚房（4人共用）
下-宿舍走廊

4

報到第一周初入校門

報到第一周

英國的大學每年都有新生周，也就是正式開學的前一周。主要是給新生（尤其是本科生）熟悉校園環境的機會。建議大家在這一周期間到大學校以享受學校免費接機服務，但不是每個學校都有這項服務，請提前向學校的International Student Support Office查證。很遺憾的是大部分的學校新生接待介紹工作並不是專門給研究生開設的，而更多的是為剛剛離開家的本地高中畢業生而設計，且偏重生活和娛樂方面比較多。

學校註冊

如提前預訂了學校宿舍，入住

的同時你會接到繳費通知，因此建議可以先把住宿手續辦完。報到最好在學校的報到周辦理，屆時學校會增添人手，加派志願服務人員引導，還會有介紹學校情況的課程供新生聆聽。

對於博士研究生，已開始註冊的時候，大致都會直接註冊為研究型碩士生（MPhil Student），而非博士生（Ph.D. student）。這是因為，學校將在未來的九至十五個月間對你進行考核，只有通過了才算正是有了讀博士的資格，而成為博士候選人（Ph.D. Candidate）。

大學裏都有為研究生指定的手冊（Research Student Handbook）。入學之初最好掌握一本作為以後的參考。

最近幾年由於國際留學生人數的增加，不少院校加開了對國際留學生新生服務專案，入學前需詢問清楚，聽一聽一些介紹還是有收益的，至少可以豐富自己的業餘生活。但是，學習及研究方法還需要你自己摸索、多詢問前人及導師。

其他手續

註冊家庭醫生（GP）註冊牙醫

作為全日制學生，在英國你享有免費國家醫療的待遇（NHS），建議儘早辦理免費醫療註冊。只要到你住處附近的診所（不必是醫院）要一張H12表格，添上相關內容郵寄到指定位址，就會在幾周後得到回覆。如果他們檢查你符合免費醫療的條件：全職無收入，即會寄回給你一個證明信。憑此信上的NHS號碼，你就可以去醫院、藥店、牙醫診所的時候享受NHS免費範圍內的醫療。還有一個優惠是對於需要眼鏡來矯正視力的學生也可以享受兩年一次的免費視力檢查和一副NHS標準眼鏡（一般是最便宜的一種大約70鎊）。這個在一般眼鏡店都有提供，但是如果你是有獎學金支持的，而且超過一定限度你就不能享受免費醫療的待遇了。

看牙醫的狀況比較複雜，原則上每個牙醫診所應該接收NHS病人註冊，然而很多牙醫因為NHS標準治療材料太便宜對病人不好而拒絕使用NHS的治療用品，他們也會建議你採用私人醫療的材料當然不是免費的但是品質和耐久性要好很多。

銀行開戶

學費是可以拖延一段時間再交，但總還是要家人從國內寄過來，也就必需要有一個銀行的個人帳戶。英國的大銀行有很多但不是每間都對學生那麼仁慈，有些小銀行主要是針對本國人，對國際留學生的興趣不大。

英國的信用行業已經很發達，各項保護措施嚴謹。

滙豐銀行（HSBC）在英格蘭的覆蓋面很廣，蘇格蘭一般。服務態度還不錯。網上銀行和自助銀行

服務相當完善方便。在網上就可以處理所有帳戶的包括轉帳、付款，甚至國際轉帳的業務。網銀的安全措施也很到位，很少出現過無法登錄的情況。在這個銀行申請信用卡比其他銀行容易。

蘇格蘭皇家銀行（Royal Bank of Scotland）是英國最大的銀行。可以申請到Mastro Debit Card比Visa信用卡低一級。

Natwest是對學生最有利的銀行，開戶快，審核條件低，網點普及率高。只是他很少給學生發放信用卡，只有借記卡Solo，網上銀行也沒有滙豐方便。

Lyords TSB開戶時間很快，審核條件也低，主要針對本國人。網銀服務還不錯，而且從國內匯錢到TSB也最便宜。

Barclay銀行在全英的覆蓋面不廣，不太容易在各地找到分支。Barclay對學生的服務態度不好，網銀容易出錯，服務品質也有待提高。對國際留學生要求嚴格，而且必須要求有2000英鎊最低儲蓄在卡裏。

在英國的銀行開戶後可以拿到的卡種

- 現金卡Cash Card。最低一級的銀行卡，只能在提款機上提取現金，不能超支。
- 借記卡（Debit Card）。又分為幾種SOLO、VISA ELCTRON、MASTRO、SWITCH、VISA DEBIT。功能有所不同，其中VISA DEBIT是可以全球使用。其它只在英國國內使用。MASTRO和SWITCH在歐盟國家也可以使用。可在網上消費。
- 萬事達信用卡（Master Credit Card）全球通用，可透支、可在網上消費。這種卡月底結帳，過期要交手續費。
- Visa和American Express信用卡。最高級別信用卡，使用範圍最大，全球通用。

社交

留學期間是一個很好的交友機會，你會遇到很多優秀的國際及國內的人才和志同道合的朋友。你將會發現語言和文化差異並不是交友的鴻溝，無論在哪個國家，交友的

原則是相似的。而且外國人交友的條件很簡單只要興趣相投有共同話題並不要求什麼客觀條件。

開學第一個月是最好的交友機會，學校會有很多活動，各種社團也會組織吸納新會員，你將會有同是新生的室友，當然在以後的學習期間你也會陸陸續續的認識很多朋友，慢慢你就會瞭解到各個國家不同的文化習慣。在英國留學的好處之一是好像進入了萬國博覽會，歐洲的學生尤其多，而且他們性格開朗友好，反而比英國當地學生更容易接近。如果你是讀博士的，建議多認識一些同樣選擇了博士之路的朋友，你們相互之間的交流與照顧將會對你將來的生活帶來很多的益處。當然你也會認識很多研究員及講師，因為博士生是處於介於學生與工作人員之間的一個特殊位置。博士就讀時間相對來說是比較長的，你會發現在讀書期間，碩士生朋友換了一批又一批，更顯得自己畢業遙遙無期的感覺。而就讀本科的學生往往又太年輕，你很容易意識到「代溝」的存在。而過了第一年這個黃金時間，你在要擴大你的朋友網就沒有一開始那麼容易了。

所以在開學初期，除了要處理各種手續，確定研究目標，同樣重要的是建立自己的朋友群。英國人的交友習慣是很被動的，這就要求你自己要有主動交友的意識，而同樣作為留學生的其他國家的學生則更加開朗和容易接近。

怎樣提高英語口語

初到英國的留學生都會被千奇百怪的地方口音搞得不知所措，雖然英國是個很小的國家但是各地的口音非常之重。這是因為英國大部分公立學校沒有一種類似標準普通話式的標準英語教課，學生也就地方性很強。唯有那些付錢上過私立學校（Public school）或語法學校（Grammar school）的學生才被調教的一口貴族英語（Posh English）。而且亞洲人一般在國內以學習美式英語為主，很多英式日常用語，對英國人來說的簡單詞彙對我們反而成了生僻詞。生活中不免要鬧笑話，迫使剛到英國的同學有再次努力學習英語的衝動。很多人對如何提高自己英語口語非常頭疼，其實身處於這樣一個英語國家本身就是一個極好的學習條

件，剛開始學習生涯也不會太忙碌，正是提高英語的好機會。平時生活中有很多途徑和機會學習英式口語，最簡單的方法是利用電視。雖然英國免費電視臺並不多，但BBC大部分電視節目會配有字幕（Subtitle）。如果投資買一個具有字幕（Teletext）功能的電視是絕對值得的，而且BBC的紀錄片（Documentary）水準非常高，這大概是學習生詞，熟悉口音最直接的方式。播音員的英語也絕對是標準英語口語，但很不幸近年來又有很多操著很濃蘇格蘭或愛爾蘭口音的優秀主持人頻頻上鏡，這對於我們也是一種鍛煉和考驗。其他途徑還有去社區俱樂部、學生會組織的活動，多和英語國家的人接觸。傳統的英國人並不像中國人一樣熱情好客，他會主動保持距離，這就要求你變得很主動去接觸別人。沒有什麼比一個微笑更能打開沉默的堅冰了。有了一次兩次的試探，你會驚奇的發現其實英國人很愛聊天也很幽默。有人建議和自己的中國同學也用英語交流，但實踐證明這並不是一個很好的主意──擱下心理作用不提，你們的口音、語法都不

會相互得到提高。還有一個快速提高你自己說話本領的方式就是和英國朋友去酒吧，但如果你實在討厭酒文化就不要勉強。也許你為不知如何與外國人打交道而發愁，這一點將在以後的部分仔細講解。

以上這些都是教你如何提高自己的日常英語口語，而要提高自己的學術上的口頭表達能力則要付出更多的努力。每個系都會定期有學術討論會，會上內、外部學者都會把自己近期研究成果陳述給大家討論。一開始你也許只能旁聽，參與多之後你便可以開始試著提問題，直到你自己也站到講臺上去給同學們做演講。內部的不過癮，你還可以在網上尋找各種學術會議，可以從一些小規模、免費、討論性質的會議開始逐步向大型國際會議轉變。因為國際會議費用太高，太多的會議不會對你的博士有太多作用，反而增添了導師的負擔。

手機

英國的手機網路公司很多像Voda-fone、T-mobile、Virgin、O2、Three、Orange。每間公司的服務內容在不同時期都不一樣，要多方

打聽。購買途徑很多，你可以在網上購買、在手機專賣店購買，也可以在綜合網路公司購買，例如THE Carphone Warehouse、Phone4U。

　　購買Contract Phone、Pay Monthly Phone，一般需要等開好銀行帳戶後。所以剛來的朋友可以先買第一種SIM卡裝入自己國內帶來的手機應急。如果等不及的話，可以選擇讓認識的朋友幫忙先開個手機，自己再每個月把錢付給朋友就行。

　　至於買哪個合約的手機實惠，需要做一下市場研究，多跑跑Phone4U、THE Carphone Warehouse，或拿份雜誌看下就行。

　　建議手機第一次最多簽12個月的合約，因為在這裏時間長了，會發現更多的，更便宜的買手機的方法，需要個人多多挖掘。

在英國打電話

　　在英國打國內號碼要注意看開頭的幾位數位，它們能揭示此號碼的收費規律，現將電話號碼的開頭數位來分區。免費電話一般是免費諮詢的服務電話。座機最便宜，手機和其他服務型電話較貴，而那些09開頭的收費電話

購買手機號碼的方式

1. SIM free簡單得就是一張SIM卡，各個網路公司在店裏都有賣，一般10鎊錢單個號碼，或者是10鎊錢的卡送10鎊花費等。但是在網路上一般都能買到免費的SIM卡號碼，只要填姓名和聯繫住址就可以了，而且還有送Free text的。

2. Pay As You Go（PAYG）買手機帶號碼，一般就是手機的價格，號碼裏面沒有免費簡訊和通話時間，這種方式和中國國內的手機銷售方式有點類似（有點類似臺灣的預付卡），但是相對第三種不是很實惠，購買這種手機和號碼時只需要給姓名和聯繫住址就可以，不需要經過Credit Check，所以不需要有銀行帳戶。

3. Contract Phone、Pay Monthly Phone合約時間不等，常見的有12個月、18個月，還有24個月的。1年合約的比較划算，一般手機免費，每個月有免費通話時間和簡訊，只需要付月租，合約期滿後一般會再拿到一個新手機，繼續付月租。有時候手機不怎麼樣的話還可以拿到Cash Back，這種手機的購買需要有銀行帳戶和位址證明，因為需要進行Credit Check和設置Direct Debit。

極其昂貴。有時像刮刮樂騙人的把
戲，會告知你中獎了，打一個09開
頭的號碼，結果，一個電話幾十英
鎊就沒了。打電話還要分時段，白
天費率高，晚上費率低。

出門在外一定要多和家裡聯
繫，即使沒有任何話題，也要時常
報個平安，讓父母放心。但是如何
才能省錢呢？印巴店或中國城的中
國超市會有很多不同種類的電話
卡，像中國國內的IP電話，標榜花
費多麼便宜。但是實際情況是，一
般能打通的分鐘數絕對比卡上保
證的少得多。如果上網不太方便的
話，可以試試用手機或座機直接播
網路電話，例如：0845-244-9449
是中國留學生比較多用的一個，一
分鐘的費率只要2英磅和打座機一
樣便宜。

郵局業務

在英國居住免不了要郵寄東
西，英國的郵政服務主要是靠皇家
郵政（Royal Mail），紅色標誌黃
色字的綠色郵局到處都是，但是並
不很有效率。郵寄方式有很多，如
右表（郵寄方式）所示：

☎ 電話號碼分區

01	倫敦地區座機號碼開頭
02	其他地區座機
05、0845、0870	服務性與座機收費相同
0500、0632、0800、0808、099991、099992	免費電話
076	傳呼
07、077、078、079	手機號碼
08	服務性電話
0820	學校網路專用
0871	網路專用
09、0900、0901	特殊話費（話費高約60鎊／m）
0905、0906	特殊話費，話費不等
0907	特殊話費（話費高於1鎊／m）
0909	特殊服務電話

郵局時間

週一至週五早上9點到下午5點30分
週六早上9點到中午12點30分

常用號碼

☎ 緊急服務：999
　用於報警、火警和急救。記住告訴接線員你在哪裡、你的電話號碼及你需要何種服務。

☎ 接線生：100
　可以用於撥打英國境內的對方付費電話，或在對方有人接聽時才開始計費。

☎ 國際長途接線生：155
　可以撥打對方付費的國際長途，或在對方有人接聽時才開始計費。但某些國家沒有這種服務。

☎ 國內查號：192（在BT公司的電話亭免費）

☎ 國際查號：153

☎ 免費健康服務熱線：0800-665544

☎ 受害者支持服務熱線：0845-303-0900或0845-603-9213

☎ 倫敦希斯洛機場電話：0844-335-1801

郵寄方式

名稱	重量	費用	費時	
First class post（快件）	60克以內	英國國內遞送的郵件，費用為41便士	2天	
		國際郵件的費用為1鎊以上	一至二個月到中國	
Second class（慢件）	100克以內厚度小於5毫米	英國國內遞送的郵件，費用為32便士	幾天	
		國際郵件的費用為30-60便士	一至二個月到中國	
Special Delivery（特件）需要收件人簽名，有回執單		11.35鎊起	保證早上9點前收到的	信件越重，價格越高。如果是重要檔，最好用此服務。其他服務容易丟失信件。
		5.05鎊起	第二天保證收到	
Same day courier（特快）		20鎊起	當天	
Standard Pacels	小包裹	4.41鎊起	最快3日到達	
Royal mail heavy weight	大包裹	1.32鎊起	最快7天到達	

見導師

第一印象很重要，因此英語的重要性就不用再重複強調了。態度上，你想要讓導師看到一個自信、有抱負、有計劃、滿意的學生，就要做好準備。這一原則也不僅限於第一次見面，以後每次會談都要有所準備，沒有一個出色的導師會喜歡把時間浪費在沒有準備的學生身上。每次見面你一般要準備一份階段性報告和口頭報告，有的導師喜歡在見面之前幾天先收到書面報告以有所準備，這時就不要把報告在最後一分鐘交給導師。最初幾次與導師的見面主要是相互熟悉，制定一下以後的合作模式，一般導師會每隔幾週和學生約見一次，當然在剛開始指導你入門和最後論文定稿期間可能會更頻繁。你最好在一開始便跟導師表明你所希望的指導方式，例如你喜歡獨立研究而少量的指導，抑或是由於你對此課題的陌生希望在自己的努力之上得到大量的指導和監督，無論何種方式，你和導師都可以協商解決。如你不幸沒有獲得獎學金，而有勤工助學的

計畫也可以適時地向導師提出。當然在繼後的合作中如果你感到導師監督的壓力太大或指導不足也都可以婉轉的提出加以改進。

你和導師的關係如何直接影響到你今後的畢業和工作，導師的性格和做事習慣你要儘快通過正面或側面，如學長、學姐甚至秘書來瞭解清楚。在瞭解了導師和當地的風俗習慣之前，建議不要過急的把國內的習慣運用在外國導師身上，更不要犯了不該犯的忌諱，例如，英國的教授一般不會接受學生的饋贈，除非你與導師真的熟到如朋友一般，不然不要隨便送禮，如果有一天關係處不好要更換導師可沒那麼容易。

初選課題

前面講過你在入學申請或申請獎學金的時候都寫過研究計畫，除非你的獎學金是和特定一個課題經費相聯繫，否則這一計畫並不是不能改變的。也許等你看過了更多別人的前沿性的研究以後你又有了更好的主意，也許你發現另一研究生準備的課題和你有所重複，所以一

開始的快速文獻檢索非常重要。一開始這段時間導師除了關心一下你的生活是否都安排妥當（當然具體的事情還是要請教秘書或學校學生處幫忙），另外他（她）也會詢問你有沒有定課題，你的課題不可以定得太具體以便靈活變通，所以這一階段所指定課題實際上是一個很籠統的課題範圍。對於這一階段有一個很有效的方法就是找來導師近幾年碩士生及博士生的論文來一窺究竟，由於時間限制，你不可能把一本本厚厚的論文研究透徹，你所要學習的是這個導師以前的學生所研究的課題多集中在哪幾個方面。你可以在這幾個大方向上選擇一個，而後提出自己的創新思想，暫時不建議另立新的研究方向，一來導師可能不熟悉，二來你的同僚也幫不了什麼忙。

小結

好的開始預示著好的結局。開學第一周是調整自己、適應新環境的關鍵。本章介紹了入學之初可以享受的便利和服務，以及需要注意的事項，供讀者利用，可以儘快融入生活與學習。

5
學習過程

學習態度

　　態度決定一切，你抱什麼樣的態度，就會得到什麼樣的結果。如果你不積極汲取知識，抱著積極的態度與人交往，在英國留學經歷可能就是一段難以忍受的日子。這裏把學習態度放在學習方法部分的第一節也是為了強調其重要性。你以後會發現其實你的學習態度比導師的輔導，學校的客觀條件都要重要的多。如果沒有無微不至的指導，學生還可以通過自己百般努力完成學業，然而沒有了鬥志的學生就算導師是諾貝爾獎獲得者也不會拿到學位。因為前文已經提到就讀博士是一個很曲折的過程，你也許在研究初期已經預料到研究結果如何，

並期待事事如你所預期發展，然而事情往往不與你想像的一樣順利。在研究過程中，你不可避免的會遇到瓶頸，犯了錯誤，但這一切都是學習過程和鍛煉機會，不必灰心喪氣，不管你對自己所面臨的困境有多沮喪，你總會聽到別人的經歷比你更糟糕。

學習方法

　　應該說英國研究生（碩、博士）學習方法取決於專業而定，文理科學習方法各不相同，這一章我們總結了很多留學生的心得和我們親身經歷，分幾大類介紹一下。

　　由於博士學習期間沒有硬性規

定的課程或期末考試，研究也是獨立的，所以很容易造成孤立感，千萬不要因這些外在限制而自然而然把自己封閉起來。工作中要多和同等級的博士生經常交流，和系裏的研究員、工作人員也要搞好關係。博士生是個很奧妙的位置，本科生及碩士生可能敬而遠之，但這並不意味著你不可以敞開心胸與本科生或碩士生交流。生活中要多交朋友，雖然博士學位是授予具有開創性研究性質的課題，但這並不是意味著你將要孤獨的完成你長期的研究。從某種意義上說，你是和你同一領域或同一研究室的人共同合作對尖端課題進行公共學習，所以與同仁的合作關係才是你真正應該追求的，不要把所有人都看成你的競爭對手。

博士研究沒有一個具體的量化標準，到底研究到什麼深度才夠，論文寫到什麼厚度才夠，這些問題在學生一開始的時候是很曖昧的。即使是經驗豐富的導師也很難提前預報你所選定的研究課題是否能順利完成，費墨幾許。數學系的論文可能只有不足百頁，而人文社會科學的博士論文洋洋灑灑可能超過10萬字，但這總是有一個標準的。博士培養的目的是要造就可以洞察科技前沿，具有獨立及合作研究能力，掌握很強的口頭及書面交流能力的高級研究人員。達標的博士生在畢業以後應該可以做到去指導其他學生，審視他人的研究論文。你的研究是否達到這一標準，一方面要導師來掌控，更重要的一方面是你自己心中要有數。作者發現最有效的方法就是多讀前人的論文，讀得多了心中就有了一把尺子來衡量自己的程度。越早的發現了這把尺子，你就越早給自己定立一個合理的目標，安排自己的進程。這裏需指出導師和你的看法可能會有所差異，在你覺得意猶未盡的時候，導師可能會適時的提醒你現有的成果已足夠博士論文的水準。如果是這樣當然最好，但更通常的情況是當你覺得達到標準了的時候，導師會覺得你的研究還不夠，這時候有經驗的導師的意見往往是對的，因此建議寧可埋下頭去再添加一些內容，也不要冒然提交論文、參加答辯，怎麼說導師也要比你更有經驗。

與導師的關係中最難處理的

情況是當你們對研究的範圍不一致時怎麼溝通解決，比如最常見的案例，你自己可能胸有大志非要做出一番大貢獻，然而導師更擔心你的時間不夠用，於是執意要減少你的研究範圍和實驗專案。還有與之相反的情況，你的導師可能會在你課題研究時分派給你很多好似無關的活讓你做，這樣會讓你覺得耽誤了你的時間。大多數情況下，博士生都多多少少為導師打打工，如助教、研究助手等來獲得一些額外收入，但分寸要把握好，不要因為過多的工作耽誤了博士研究。畢竟在你將來的個人簡歷中四年完成博士比六年要好看的多。當矛盾出現的時候，建議你好好權衡一下，一切以按時完成你的博士研究為重。與導師很好的溝通可以讓他瞭解你的想法，幫你達到你的目標，千萬不要鬧情緒、不合作，記住導師是你博士成敗的關鍵，因為與導師的關係處理不好而半途而廢的學生不乏先例。三年就讀過程中心理調整是至關重要的，前文提到了學生可能會遇到的心理上的挫折感，無助以及打擊，這時適當的心理調節是促使你繼續下去的非常重要的力量。

怎樣控制時間

三年時間聽起來好像很長，其實當你讀到一半時突然會感歎時間飛逝，不曉得時間都用在哪裏了，要想按時完成學業，先學會管理時間是非常重要的。有人說定計劃誰不會，定計劃是一種習慣，完成計畫是另一種習慣，有人習慣於定計劃而不習慣完成計畫，定了和沒定沒有區別，時間管理也就成了空話。計畫制訂絕不是單目標、單批次，一成不變。好的長期計畫是由階段性短期計畫來支持的，而階段性計畫又是由短期計畫來具體實現的。這就如同一個系統環環相連共同作用，如果你的計畫系統有了終極目標，即三年完成所有工作，配合階段性計畫，例如可把三年各分為文獻檢索、資料研究、撰寫論文，加之可以調整的短期計畫如每月或每週計畫，你也就不必擔心時間從指縫裏不知不覺的溜走了。

這裏要講的是適宜地制定你能夠達到的小小的階段性目標，而且要根據自己的完成情況隨時調整下一步的計畫，不要好高騖遠訂的計畫很偉大然而永遠無法完成，久了

就習慣了，反正也完不成。要想養成完成計畫的習慣要先從很容易完成的計畫開始，培養自己完成短期計畫的習慣，然後逐步增加難度。例如可以先給自己定每週完成十篇學術論文的閱讀量，也就是一日兩篇，如果你這週每天都堅持了日計畫就能保證你完成週計畫。如果這對你很輕鬆，你可以增加量度。相反地如果你發現自己沒辦法完成週計畫，就可適當減少日計畫的量度以便你增加完成計畫的信心。如此經過幾次的實驗和調適，保證你對自己的能力有一個清楚的認識，也自然而然學會了制定適合自己而且能夠完成的計畫了。

　　既然明白了怎麼制定具體的短期計畫，那怎麼保證更高一級的階段性計畫順利完成呢？一般人的文獻檢索階段大概有一年的時間，如果你真的很計較的話，你可以找到無數的文獻資料花無數的時間來總結前人的成果，然而當你把一年的時間都耗費了還沒有寫完你論文中那一章文獻檢索時，你就要檢討一下是不是該適可而止了。提醒自己，「喂，最後期限到了，別磨蹭了」。不管還有多少文獻你還沒有細讀，你必須給這一階段畫一個句號——完成文獻檢索部分的撰寫。前面曾說過閱讀文獻是一個持續的過程，在接下來的兩年中你還是要花一些時間在閱讀期刊上的，所以先不必擔心你的文獻檢索不夠完美。現在實在是為時過早。同樣的，當你研究做到第二年結束時，你還覺得實驗做的不夠過癮，資料好像還不夠充分，或者發現還不夠重大，但你也要提醒自己是不是自己要求太高了，是否又要適可而止了。建議可以與導師討論一下，到目前為止自己的研究進程對於博士水準是否合格，還有那些點可以補充。一個博士三年的時間能做出的研究上的貢獻是有限的，只要你的想法是新穎的，你的資料又支持你的結論那你的研究就夠格了，野心太大反而給自己太多牽絆和束縛不能按時完成學業。還有就是不要依賴著導師告訴你可以了，時間到了，作為一個博士生你應該有判斷能力，自立自信的對自己的研究負責。導師沒有義務去擔心你是否能按時完成，也沒有精力在每個關鍵時間點去催促你。

　　最後一個階段論文撰寫和修

改的過程往往不以你自己的意識為轉移，導師起的作用是很大的。在你看來你的Ph.D.是世界上最重要的東西，然而他（她）的看法和你卻有可能完全不同。你只不過是他眾多學生中的一員，在你交給他論文初稿讀閱的時候，他的本科生班可能在等著他去批改試卷，這個必須月底完成，同時他（她）的碩士生班可能在等他（她）下達論文大綱，也要在幾週內完成，所有這些都是短期又棘手的工作等著他（她）去完成。閱讀你的論文需要一段很長的絕對集中的時間和精力去完成，要求如此之高又沒有定死的時間點，也自然而然成了被犧牲到了最後的任務了，遇到這種情況不要太生氣或與導師鬧矛盾。最好通過秘書瞭解一下導師的日程安排，要事先和導師預約好一塊大的時間單獨給你的博士論文的批讀。在導師沒時間的情況下，自己要反覆檢查，花很多時間審閱自己的論文，你花的時間越多，你的論文水準一定越高，導師看起來省力，也就能更快回覆你每次的手稿。相反如果你自己馬馬虎虎、得過且過，寫了篇品質不是很高的初稿，導師

看起來很費勁，花時間很多，也就自然失去了興趣，別的事情一忙就把這個最頭疼的東西擱置下先作別的去了。所以要體量一下你的導師，自己多做點少抱怨，畢竟這是你自己的博士，你要靠自己的能力去完成，依賴任何人都具有一定的風險。有了這樣的分級制定的計畫和完成計畫的方案就能保證你掌控大局不浪費時間順利完成學業。

認識研究的本質

博士研究是一個從瞭解課題，發現問題，解決問題到歸納總結的過程。瞭解課題也就是文獻檢索過程。只有透徹全面的對本課題具有瞭解才能找到需待解決的問題。發現的問題就是你博士論文的主線，要攻克的難關。如何解決這一尚未被其他研究者發現的問題可就是你博士論文的貢獻了。只是解決了這一問題還不能讓你成為一個合格的博士，你還要具有歸納總結撰寫及口頭報告的能力。

由於文理科的不同，博士研究可分為幾種。第一就是對一個全新概念的研究。這樣可以確保研究的

創新性。純理科的學生可能選擇這種方式比較多，而選擇這種對完全沒有前人研究實踐，又缺乏理論根據的研究風險還是蠻大的，因為你和你的導師都不能預測研究結果。而且在研究初期很難準確的選擇合適的研究方法來運用。第二種是理工科常見的解決一個具體問題。研究中要經常用到科學實驗及統計分析。經歷過國內碩士教育的華語區學生應該對此種方式很熟悉的。第三種是把舊理論翻新，即對已有研究變換前提或條件看結論是否依然成立。做這種假設研究的時候，你可以模仿前人已採用的研究方法。但這種課題的貢獻性較前兩種要小一些。所以資料的可信度一定要高；資料分析一定要更嚴謹。無論你的課題屬於以上哪一種類，一定要新穎。

與導師相處的哲學

儒家講究為師命是從，但這並不完全適應英國學校教學體系。不同的導師對待學生的態度是不同的。與導師的關係有時很容易相處，但有時會出現不合的現象。這

在與導師相處過程中導師是主導，我只要聽命是從？

處理與導師的關係就像研究本身是由你來控制的。

裏並沒有一成不變的方式。你必須要特別對待，但有一點要肯定的是這一關係是需要認真的維護和管理的。據作者觀察與導師關係處得很不好的情況是很稀少的。大多數學生都可以與導師和睦相處甚至成為朋友。畢竟能接受外國留學生的導師不會是眼界窄本土性極強的人。經常情況下，華語區學生的謙虛反而被認為是無能的表現，讓華語區學生在導師眼中的評分低了很多。要改掉這一習慣並不是一朝一夕的事情，需要慢慢鍛煉和從外國朋友交往中慢慢學習。

首先要理解導師的處境和立場。你也許只看到他在你們每月定期會面中所花的時間，但是作為一個研究生導師，有很多隱形的時間你是看不到的，例如耗費時間對理

解你的課題，斟酌你的研究方法，尤其是要花很長時間去閱讀並理解你的論文。如果你對於這些都沒有什麼感激之情就太不應該了。相反如果你無意中透露出你很感激他為了你花費了很多心血，他可能會很高興而花更多時間在你身上。其實無論一個教授手下接受多少研究生，他的薪水是不變的，相反他（她）還要注入很多的時間和心血。所以除了在他們個人簡歷能得到點好處，他們並不能從中得到直接利益。那他們為什麼要自找麻煩呢？箇中原因也不盡相同。有的導師是因為手下計畫太多，給博士生提供獎學金，既可省去新建高額的研究員職位及面試他們的麻煩，又能保證這個廉價助手的穩定性。這時你往往會被當作導師研究組的助手。與其他研究院合作也就成了你讀博士的一部分。也有的導師是為了增添自己的學生圈。畢竟以後這些學生將會是自己人脈中重要的組成部分。更普遍的情況下，導師也是想依靠有能力和熱情的年輕人擴展自己的研究領域。畢竟一個人最精華的創造期是青年時代。資格老的教授更加欣賞年輕人的新鮮創

意。基於這些各不相同的目的你可以看出，導師並不想隨便找一個學生去照顧三年。相反，他希望你能做出一些貢獻帶來一些新思想。這就要求你首先在研究上具有自力能力，又要思想活躍具有創新能力。

自力能力首先體現在能自己訂計畫，有自我監督的能力。導師不可能一步一步帶著你學走路。你的研究計畫、進程要由你自己掌握。導師頂多給你一個方向上的指導以免你出現重大錯誤。因為你所研究的課題可能連你的導師都不完全瞭解，這更添加了你的難度。

自力能力還表現在自信和熱情上面。每一個研究生在研究初始階段都不乏活力和熱情，但這很容易

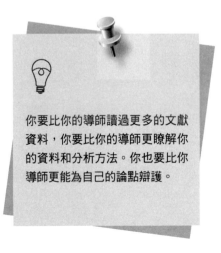

你要比你的導師讀過更多的文獻資料，你要比你的導師更瞭解你的資料和分析方法。你也要比你導師更能為自己的論點辯護。

被時間消磨掉。你要時時提醒自己，導師是希望自己的學生鼓舞他（她）的研究興趣而並非相反的狀況。沒有哪個導師期待著每月與一個滿腹愁容的學生見面。試想如果連你對自己的研究都沒了興趣，你又怎麼說服別人你的貢獻性、獨創性呢？有個很好的方法，多交一些樂觀向上的朋友，少和時常自怨自艾的人交往。這種說法也許很殘酷，但是積極的態度是會傳染的，而悲觀的情緒也是一種病毒很難抗衡。要時刻提醒自己一切都是光明的，挫折也是暫時的。對未來要有樂觀的期望而非無畏的擔憂。久了你會發現當你變得樂觀的時候，事情真的往好的方向發展，你的留學生涯也變得精彩無數。

在定時的會談中，你的進程要報告給導師聽。這樣導師對你的進程才有全面地瞭解。如有需要他置評的地方要提前報告。他也會對你的階段性成果給出即時地回饋。必要時，你要很仔細的向導師解釋你的初衷所用方法及原因。不要假設你的導師肯定瞭解你的方法和理論。前面說過，導師對你的課題可能只是一知半解。如果你的導師比

你懂得還多，你的博士論文也就不能稱其為有獨創性的作品了。你還是適時需要對導師進行新知識的灌輸。同時這也是鍛煉你敘述能力的一種很有效的措施。導師的評語一定要仔細捉摸，認真對待。如有覺不妥之處可以下次會面再討論。這才是一種健康的師生關係。尤其到最後階段，導師對你的論文稿的評語更是要謹慎討論，把每次會議當作是對最後答辯的演練。不要怕意見不同得罪了導師。有時導師為了測試你對自己研究的自信會對你的某個觀點提出苛刻質疑，或故意提出一些奇怪的言論混淆是非。如果你堅信自己的主張對自己完全有信心，你就要不妥協的據理力爭。對於受傳統尊師重教的東方教育背景下成長的華人來說，要超越導師的指導，甚至堅持自己與導師背道而馳的正確見解是最難適應的心理障礙。這種自信的態度也是要在這三年中慢慢培養的。

雖然導師瞭解你作為非英語國家來的留學生英語水準畢竟不如本國學生，但是研究生學習畢竟不能用高中水準來要求。無論階段性小報告、學術總結，或最後的論文稿

都要認真對待，不要只是你自己看懂了就行了。不要給自己找藉口。畢竟最後論文是要你自己撰寫出來的一篇有相當水準的作品。學校不會因為你是留學生而放寬要求的。寫作能力的提高依賴於你刻苦的學習。本書附錄也推薦了一些語法書籍可以參閱。但最簡單的方法是多讀他人的著作。當撰寫正式報告時，如果自己覺得對英語不自信，可以請教英國朋友幫助找錯。從錯誤中學習是很有效的提高的方法。

導師和學生之間的信任是十分重要的，這也是很難建立又很容易破壞的東西，信任是建立在誠實的基礎上，所有人都不喜歡被學生欺騙，你的導師也是如此。如果你真的幾個月都沒有什麼進展，不要隱瞞或編造謊言——最後吃虧的總是你自己。導師的職責中幫助大於監督，如果如實反映了你的難處，你會得到適當的幫助，而隱瞞事實將會使你處境更加難堪。導師既然給了評語或建議就希望你去遵守，除非你有充分的理由駁斥，所以對待導師的評語一定要斟酌不要不以為然一意孤行。如果你導師給的指導或建議你不喜歡，不要陽奉陰違，

一定要有非常充分的理由去禮貌的拒絕或協商。有英國教授抱怨說不明白為什麼華人學生喜歡當面一套，背後一套。學術討論有時是針鋒相對，無論對方是你的導師還是好朋友這都很正常，不傷和氣的討論在日常生活中比較適合。

那麼怎麼有效的和導師交流呢？學生和導師見面機會最多的就是在平時的定期會議上。前面講過會見導師之前一定要有準備，最好列一張單子把要討論的話題擺好，做到有的放矢，不要浪費導師和自己的時間。至於討論的內容也不僅僅局限在你的研究上，如果你有什麼新鮮的想法，研究興趣也可以和導師討論，有啟發性的談話才不會顯得無聊，談話中少用悲觀的字眼，會讓聽者更有積極的反應。

前面說的是大多數博士生會在一個主導師——第一導師的指導下完成學業。但也有學校會派給你兩個導師，第一導師以及第二導師。一般情況下，只有第一導對你起絕對作用，二導只是輔助作用。這種形式的好處是如果一導不在的情況下，有什麼急切的事物可由二導來代為處理。再者，你會得到更

多的指導和建議，這點在最初的文獻檢索階段及以後的資料收集中特別有優勢，因為每個導師的專修不相同，兩個人覆蓋的面要大得多。但這種指導方式也有它的弊端，首先，你也許會感覺到太多壓力來自兩個不同的方向，這讓你的研究很吃力。在兩個導師都很忙的情況下，他們可能會互相推諉責任。最糟糕的是，在研究的後期，你可能會從他們二人中得到相反的意見。這時你的處境會非常尷尬——你不可能兩個意見都聽，也不可能都不聽。建議你當一入學時就把情況搞清楚，如果是只有一個導師那就簡單了。但如果你是被安排了兩個導師的話，一定要組織一個三方會議，明確各自的權利和義務。你從他們兩個人身上渴望得到怎麼的指導要明確的表明，而不要打馬虎眼。責任分清，主次分明以後才不至於鬧矛盾或出現互相推卸責任。當兩個導師意見相左的時候就需要你自己去判斷分析做出決定。但是你的決定一定要讓兩位理解，比如安排一個會議你們三人一起討論，說出你的充分理由協商解決，並不是說你一定要從中選出一個，

如果你有其他更好的見解更要一起討論。

畢業論文的格式

碩士博士論文一般由幾個大板塊組成：簡介（Abstract）、引題（Introduction）、文獻檢索（Literature review）、研究方法概述（Theoretical frame work）、研究過程（Research）、結果分析（Data analysis）、結論（Conclusion）。其中文獻檢索和研究過程是最大的兩塊也是耗費時間最久的章節。開頭的簡介和引題以及最後的結論往往在論文最後階段才能定稿。不要為別人看不懂你的論文而沾沾自喜，如果你的論文最後能被非此專業的人也輕鬆看懂，那才是真正的成功。下面幾節把幾個重要的板塊具體分析一下。

文獻檢索

文獻檢索是研究生一個收集資料急速豐富你腦容量的步驟。好的文獻檢索彙集了所有有關你的課題的有用知識，體現了你對此課題的

深刻瞭解。簡單的查找和堆砌誰都可以做到，但研究生水準的文獻檢索決不是一個簡單的材料堆砌的過程。也許你在第一年看過了無數多的文獻而所能引用的卻有限，並不是說只要你看過的資料都有收入這一部分的必要。典型的博士論文都要有數以百記的參考文獻，而它們肯定是從幾倍於此數字的文獻中挑選出來的。對於你精心挑選的出版了的有關文獻要有一個有邏輯、有順序的闡述，同時伴有你對他們研究結果和推論的評論，而非簡單的羅列前人的研究成果。例如，你可以把他們按時間、順序安排闡述，或者按照不同國度分類分析。但是作為一個學者要對一切研究結果保持懷疑的態度，只有你認為確實可信的研究結果才可以在你的論文中加以引用，永遠不要輕易接受別人的結論。一篇學術論文被發表了並不意味著他就是百分百正確的，實際上作者也曾在發表過在學術期刊上的文章中找到錯誤。剛開始你是一定需要導師的指導和建議，畢竟他比你更瞭解你們領域知名的學術期刊，雜誌書籍，名家名校。然而等他開了頭一切就要依靠你自己的

努力了。不要養成導師指到哪你打到哪，沒有了自力能力。畢竟他只拿出一點點時間在你的博士上，而真正瞭解你的課題的是你自己。還有一點要指出的是，文獻檢索雖然集中在博士就讀第一年，但是這並不是說你以後就高枕無憂不用光顧圖書館了。新的研究成果總是時時刻刻出現的，就像名模身上的時裝需要你隨時留意風潮的變化。甚至在你的研究即將結束時，你也有可能被一篇剛剛發表的研究論文所啟發。

確定研究理論框架、研究方法

　　通過大量的文獻檢索，你會大概有一個要集中研究的意向。這有可能是某一篇學術論文提出的猜想但還未經證實。有時在學術論文最後一節裏作者給以後的研究者提出可以擴展研究的建議，或還待解決的問題，這些都可能是激發你開始一項新的研究提議的動力。或者你發現某一領域被廣泛研究然而具體某一問題還未有人提出建議，這種情況更能保證你的研究的獨創性。當你通過廣泛閱讀對此領域的

具體研究課題很熟悉的時候，你大概會對你的研究結果有一個預測，這一研究前作出的推斷就是——假設（Hypothesis）。有人說這個要靠你的想像力但並不完全對，這一假設是建立在你的文獻檢索的基礎上的，所以它應該是被已有文獻資料支持的，但這不意味著你最終的實驗資料也支持這一假設。至少在你研究開始前，所有的證據支持這一假設。多數情況下你是要證明你的假設是對的，但是也不要把這當成最終目標。舉個例子，混凝土專業的一個博士生在研究廢工業玻璃再造水泥中提出「玻璃再生水泥比傳統水泥更環保」假設。然而實驗資料和分析反證了這一論點是錯誤的，雖然他最後的結論是證明了當初的假設是錯誤的，但這已經是一個他這一領域中突破，他的論文也是一篇完全合格的博士論文。

當你有了這一研究假設，你的研究也縮小到比初擬的課題小很多的範圍以後，也就是你正式決定你的研究課題的時候了。也許這時候你還對自己將要採用的具體研究方法，資料來源和分析並不完全清楚，然而最重要的是和導師討論一下這一課題的貢獻性和獨創性。即研究中是否有前人還沒有涉及的問題或應用過的方法，結論是否對此領域有價值？這些也是最後答辯官所關心的問題。如果你們都同意這就是一個非常有新意及對你的研究領域有貢獻的課題，而且你們大概有個思路怎樣完成這一研究，那恭喜你已經完成了博士研究的三分之一了。

投身研究、實驗或論證過程

任何研究都是以資料為基礎的。如果這個基礎做得不好，你的研究也好不到哪裏去。「Rubbish in, rubbish out」就是這個道理。資料分析要非常嚴謹，不可以得過且過。必須承認大多數情況下資料是不容易得到的。但是絕不能因為如此而降低對資料準確度的要求，寧可資料少而不可隨便不加質疑的截取來源不完全可靠的資料。捏造盜取資料更是大忌，可能導致你信譽掃地，完全失去研究生資格。

總結你的研究成果其實很難，因為你的研究是受到時間空間的限制，很多時候你要做一個結論的時

候要非常注意限定範圍。好的研究者總會先給出研究條件和限制再說出結論。舉個簡單的例子，比如「吸煙導致癌症」是個非常不嚴謹的研究結論。而「在對英國南部5000人抽樣實驗基礎下發現常吸煙者獲得癌症的幾率為非吸煙者的4倍」就屬於比較嚴謹的結論。

也許一開始你的研究很大程度上依賴你的導師的建議或啟發。但到了現在，你大概對自己的研究有了更好的把握，同時對自己的信心也加倍了。這段時間你會覺得自己享受這份獨立的時間和努力。有了這一信心，接下來的收集資料和分析過程也就變得順理成章。那時也就是你自我感覺上進度最大的一段時間，但同時也有另一種可能性：就是你遇到了一個瓶頸，到了厭煩期。這一時期大概在博士第二年的時候，你設計的方法有可能不成功，你反覆實驗的結果有可能不理想或者你的時間都花在了瑣碎的資料記錄和等待結果上。你感覺研究沒有一絲進展，日子也異常無聊，最可怕的是你已對研究失去了興趣。其實這只是讀博士過程中人人必經之路，到了這一小低谷每個人

都不好受，但樂觀的心態和自我調劑才是堅持下去靈丹妙藥。適當和導師或師兄弟姐妹談談心你會得到很多建議和安慰，這時你就會體會到前文中建議的多交一些跟你一樣就讀博士（哪怕是不相干的專業的學生）朋友的重要性了，沒有什麼比同病相憐的你們相互之間的安慰和幫助更有用的了。

如何組織撰寫畢業論文

在整個博士學習期間，撰寫論文可能是最無聊和冗長的階段。也許你覺得是要有了資料，有了分析結果，論文自然就生出來了。這裏要指出，這一過程也不簡簡單單是堆砌你的研究過程和成果的動作。關鍵是要讓答辯官讀起來像一篇有邏輯，有頭有尾又能獲得收益的小說。這就要求你花很多時間對文章進行編排和刪減。你也許只花個把月時間快速的把你的研究過程、資料及結論寫成了一篇東西出來。然而之後的編排，修改可能要花半年到一年的時間。尤其是英語不是我們母語，我們還要花比英語系國家人更多的時間在語法上面。

論文越長越好，越全越好？

沒有那個學校對論文的具體字數作出硬性規定。所以論文的長短，以足以表明你的研究成果為宜，不可過長，如果隨意堆砌一些無關的東西，反而會變成了答辯的把柄。

而且當你仔細閱讀你一股腦傾訴到電腦上的那一篇東西的時候，你會突然發現你以前沒有注意的錯誤和不合邏輯的結論。那種打擊是很難以接受的，因為你已經暗自裏慶祝勝利完工了。這最後的半年到一年的時間裏很多博士學生會產生迫不及待想要脫離這一困境的感受。這也是這三、四年中最大的低谷，不過這又是一個每個博士生都必須要經歷的時期。還是那句話「堅持就是勝利」。也許除了一遍一遍的重寫，一點一點的改語法，重複的排版和檢查資料你很難看出任何的進步。但是你的寫作水準，謹慎的研究態度和堅持不懈的力量都是這樣磨練來的。這可能是你第一個完全

屬於你自己，用金字刻著你一個人名字和博士頭銜的「巨作」。在這一關鍵時刻急躁的情緒是要不得的。

論文撰寫方法也是因人而異，有人未雨綢繆從第一年作文獻檢索時就開始那一章的寫作，隨著研究的進行把後面研究方法、資料分析一章章先寫好，在最後聯成一體。這種方法的好處是在最後一年不至於忘記之前的過程或想法，但是往往你會發現好多次你會把自己以前寫過的東西否定掉，因為隨著研究的進行你的想法和具體的實驗結果全都與當初的預想不同了。有人喜歡最後一年集中精力先寫出大綱再加內容。除了開頭的簡介、背景知識、已經寫好的文獻檢索以及最後的結論，一章一章的逐一攻破，導師也好一段一段的審稿。最後總和成一篇初稿的時候再對結構進行二次編輯修改。還有一種更加合適的方法是先在做文獻檢索的時候把這一章寫完，在其他的幾步中只做大概的記錄（筆記）用以提醒自己，最後研究結果出來了才開始寫剩下的中間幾章，等文章結構也修改完畢再把結論和摘要完成。

不論你當初定下的結構多麼完美，等你初稿完作修改的時候總是會發現這樣那樣不合邏輯的地方加以修改。如果把初稿和最後的定稿做一下比較，它們往往相差甚遠。有時甚至在答辯過程中還會突然受益於答辯官的建議而又對已成論文的結構做一些調整，而且往往調整的結果反而使得文章脈絡更加清晰，最重要的原因是別人是從一個完全不同於你的觀點去看你的文章。

要如何修改評論自己的論文初稿呢？最好的辦法是把它當作別人的作品來評價。無論是撰寫還是後來的修改過程，儘量利用整塊大段的時間。不建議採取小而分散的方法，否則會破壞整體性和流暢性。

除了清晰的邏輯思維，良好的英語寫作水準之外，我們還建議你能善用Microsoft Office，如果你的應用能力不是很強，花點時間學習一下Microsoft Word的強大的排版功能例如：「樣式和格式」、「索引和目錄」。一篇博士論文動輒十幾萬字，如有對結構上的更改將對目錄索引以及圖表編號的更改造成極大的麻煩。沒有人希望被答辯官

論文最後校稿要注意的事項

✐ 反覆檢查引用的公式和資料是否準確

✐ 語法

✐ 所有引用是否都納入了最後的參考資料（References）

✐ 「參考資料」列表上的文章是否都出現在你的論文中

✐ 論文排版是否遵循學校相關

查出有如同註腳、頁碼引用錯誤等小毛病。

選答辯官

有人問答辯時的答辯官可不可以自己選。其實在你研究做完開始撰寫論文時，你也應該心中有數那幾個權威人士可能懂得你所研究的領域。所以在撰寫論文的中間階段就要及時和導師溝通，提出幾個人選，不能只局限於一個人選。因為外來答辯官是不計報酬的工作，很多教授或者沒有時間、精力，或者沒有興趣來接受你的邀請。當你的導師和你統一認為你的論文可以經得住外部考驗了，也就是時候從中

選擇一個作為答辯官了。從某一程度上講如果答辯官選的不好，有不能通過口試的危險。所以這也是要謹慎的一個方面。其實具有經驗的博士導師是會為自己的博士生親自選擇合適的答辯官的。你常常會發現如果導師對自己學生的水準非常自信，他也會相應選擇一個非常嚴格的知名人士來炫耀一番。相反如果導師實在不太自信於你的研究，也會酌情選擇交情比較好的「熟人」來為自己的學生口試。而這只限於有經驗，關係網廣泛的導師。大多數經驗不足的導師很難摸準外面學者的脾性，也就增加了口試的危險性。所以完全之策是往最高程度準備，以隨機應變。作者總結了一些過去博士答辯的一些經驗。年輕而剛剛有所作為的學者往往是很刁難的答辯官。他們即要顯示出自己比你強，尤不吝惜得罪人，這樣的人要謹慎選擇。威望甚高，臨近退休的老學究有時反而更寬鬆些。因為他們已經身經百戰，也不需要刁難新生代來顯示自己的能力。另外一個好消息是，廢掉一個博士生比讓他通過更難，答辯官給自己的麻煩也更多，因為他要給出充分的

理由，這就要求他對你的特定課題進行審慎的調研。而這一過程不可能在短期時間內輕鬆完成。而且如果他讓你做大幅度改正，就意味著他要在特定時間內再一次仔細審閱你的二稿。這對一個跟你沒有任何責任義務的人是很大的麻煩，除非你的論文或研究真的存在明顯的謬誤或缺乏創新性，不然不會被完全廢掉的。

口試的程序是由一個主持人（Convener）、一個內部答辯官（Internal examiner）和一個外部答辯官（External examiner）組成。這樣的安排有助於各個大學之間以一種共同承認的原則和標準相互監督和控制博士生的品質。一般來說學校內部的答辯官不會百般難為你的研究及論文的組織，但也有例外——曾經有人的博士論文被內部答辯官而非外部答辯官無情的痛批，而最終沒有畢業的先例。這和答辯官的做人原則性有很大關係，外部的答辯官往往是其他學校或科研機構的相同領域的學者。英國的學者，尤其是知名的教授一般是很嚴謹的。他的任務之一就是審核你的研究是否有獨創性，對相關領域有

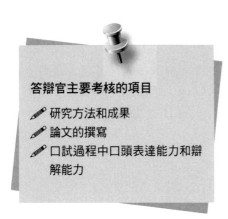

答辯官主要考核的項目

✏ 研究方法和成果
✏ 論文的撰寫
✏ 口試過程中口頭表達能力和辯解能力

無貢獻。口試過程中他也要考核你對自己撰寫的論文是否能清楚的表達給其他人聽、你的自信度、論文的準確性，甚至英文的水準。

這裏並不是說你應該找「口碑」好的教授作你的答辯官就可以高枕無憂了。審慎的監督對你事後論文修改過程中提高你的論文水準是非常重要的。而且一本認真校對得論文很容易節取出短篇予以發表。

當然也不要過度緊張。不管怎麼說，他們的問題不會離開眼前這本厚厚的博士論文稿。

口頭答辯

終於到了最後檢驗你三年成果的時刻了。博士三年不會有什麼考試，這是唯一一次也是決定成敗的最後時刻。答辯的結果會有幾種，最理想的是當天就宣佈論文合格授予博士學位，沒有任何的論文上的改正。這種情況少之又少，在作者就讀期間還沒有聽說過有這種情況出現。更多的狀況是當天有條件的宣佈你獲得博士學位，條件就是對論文的某些部分作訂正。這些訂正有可能是語法、排版、結論不精確之類小改動（Minor Revision）。等你改正完了可以把訂正稿給內部答辯老師檢閱合格後方可定稿裝訂上交學校，這才意味著順利畢業，這種情況屬於大多數。當你得到這個結果的時候你就可以準備和朋友晚上去慶祝一下，而且馬上把你的名字前加一個博士的頭銜了。當然不是每個人都這麼幸運，有些時候內或外答辯官可能覺得你研究的某些地方還不夠完備需要你做更多的工作，比如說你引用的參考文獻太舊，你的資料分析太唐突不夠徹底，這種大的訂正（Major Revision）是需要幾個月甚至兩年的期限去完成，之後還要重新上交（Resubmission）一次給兩個答辯官檢閱合格，但不會再有二次答

辯。這種結果是很讓人沮喪的，但即使是遇到這種情況也不要太難過，這也很常見的答辯結果。能這樣嚴謹的找出錯誤並不辭辛苦執意再進行二次審稿的答辯官一定是要求極高的學者或專家，經過認真的更正二稿的水準一定會很高，這樣有利於你以後把論文部分的發表，反而省了今後很多麻煩。最差的結果是兩個答辯官一致認為你的文獻檢索太少研究貢獻性不明顯，或內容太窄需更多研究工作。需要你繼續擴大研究，再次參加答辯。這種情況下很多人選擇降低要求拿個MPhil了事，因為再增加研究內容又要重新從文獻檢索開始，耗費時間是無法估計的。但這種情況也是少之又少的，一般有經驗的導師都不會在對自己學生沒信心的時候隨便讓其上交論文接受答辯的。這時要和導師好好商量對策，視具體情況作出措施。一種措施是認真按照答辯官的建議完成，第二種選擇是申訴（Appeal）。如果你和你的導師都認為答辯官的決定不公平，只要你有充足理由，你就可以向學校提出申訴。

雖然沒有完全鬆口氣，但是萬里長征最後一步一定要走好呀。一般從你上交了論文答辯稿到口頭答辯的日子有大約一個月左右的時間去準備。在答辯之前你的答辯官已經對你的研究能力和寫作能力作出了自己的判斷，答辯的那一天他重點要審視你的口頭表達能力和辯論能力。雖然答辯的總時間不過幾個小時但也要非常重視，全面的準備。只有你準備充足了，你的表現才會給答辯官以自信的印象，而這種自信本身就預示著你的答辯成功了一半。雖然你不需要對你的論文倒背如流，但最好把重要的實驗資料點和結論點在哪頁搞清楚，熟悉自己論文的結構和邏輯。能背誦主要結論和實驗過程。最重要的是千萬不要忘記了你的研究在什麼地方對此領域有貢獻，你的獨創性在哪裏。在答辯開始，一般的答辯官會讓你對自己的論文做一個十幾二十分鐘的陳述。這要求你提前準備把最精髓的東西總結出來，多練習一直到能流利的陳述出來。

如果條件允許，可以請導師做一次模擬的答辯，練習一下自己最後對自己論文的熟悉程度。當然你不可能在短短一個月就練就與同

行中知名專家辯論的本領。如同本書前面說過的，你需要平時就多製造機會，例如參加學校內外組織的學術研討會。珍惜自己向導師或在系裏的討論會上發言和做報告的機會，你會發現很多人會問一些很尖銳的問題，這正是對你辯論能力的一種最好的鍛煉，而回答問題的技巧也就在這一過程中練就了。

老老實實低調為上？

英國學生一般很愛發表自己的意見。老師也比較欣賞有主見又積極的學生。華人往往太過被動。上課不提問、不回答問題、不愛表達自己的意見、也絕不和老師有不同意見。其中有對語言不自信，也有做傳統好學生的詬病作怪。

如何發表學術論文

與國內博士要求不同，英國的博士畢業不需要發表文章。如果你有時間畢業前發表了文章當然是好事，但也不用擔心如果你就讀過程中沒有時間在國際期刊上發表任何文章。其實等你的博士論文完成之後，你完全可以截取某章略加修改而發表。但是學術論文的要求和博士文論又有所不同了。

注意事項

研究中注意事項第一，不要求大求全，給自己的課題定限度。深度可深可淺，過淺肯定通過不了答辯水準，過深又不可能按時完成。

嚴禁他人剽竊你的研究成果。

尤其在大型的研究系所，當你的實驗室和研究結果與他人共用。在作者就讀的大學裏，就聽說生化系有研究成果被竊的醜聞。誰都不想讓自己幾年的心血被別人順手牽羊。防範第一，亡羊補牢的事情是無濟於事的，因為學術界的「盜竊」是很難定義和取證的。所以，平時就要注意一定要注意保護自己的實驗資料、源代碼、科研成果，及論文手稿。如果有時間，儘早把自己的研究成果在期刊或會議上發表。

答辯不成功怎麼辦

如果是在不幸，被答辯官全盤否定。這種機會不是沒有，但是發生率很小。不要以為這對你來說是

世界末日了。雖然這是大家都不希望的結果但是這裏也要提出來好做相應對策。第一可以二次答辯，一般需要至少一年時間。第二可以申請以Mphil學歷畢業。

小結

本章是這本書的最重要的內容，旨在提供給讀者前人在留學過程的經驗和教訓。這些珍貴的經驗分享對於大家順利完成學業具有重要的意義。

生活篇

6

學習之外事宜

充分利用學校及市政資源

　　許多留學生抱怨英國學校沒有對外國留學生全面負責，不夠重視。但往往是因為學生們不清楚到底他們有那些可以利用的資源和支持。如遇到任何問題困難最簡單的方法就是到學生會或國際學生處去尋找幫助，他們會指點你去合適的部門詢問。

　　英國的大學一般都有設備完整的大學圖書館，閱讀書籍既是學習需要也是提高英語的很好方式。每個城市都有會有其所屬的市區圖書館，囊括生活百科、地理歷史、藝術文學，是很好的擴大知識面，瞭解當地風俗的途徑，而且一切服務免費。絕大多數英國的博物館和美術館都是向公眾免費開放的，數量和規模以倫敦為首。

　　人在他鄉往往有不順心的時候也有非常沮喪的時期，如果感覺自己真的無法自拔不要勉強忍耐，學校都會設有免費的心理諮詢師，而且心理諮詢已經是很平常的事情，如果還不見好轉他們還可以推薦你去NHS專業諮詢師。此外，每個大學又設置了專門為學生服務的免費律師，任何法律上的問題你都可以去預約面談。

旅遊休閒

　　英國國內有很多名勝古蹟山野風光，國內的鐵路公路設施完備而

且也不會擁擠，旅遊很方便。英國每個城市官方網站上都有對本地區的旅遊資源的介紹，有關旅遊方面的資訊相當容易取得。或者你可以去任何圖書館的旅遊書專欄去借閱旅遊書籍，因為這種圖書都很貴，也沒必要每次旅遊前買一本。

依賴於公共交通旅遊有很多省錢的竅門，長途火車票和汽車票如果是當天買票價通常非常貴，但是如果提前在網上預購便可以省很多錢，如果夠早還可以訂到一鎊的票，但是這種優待車票是固定日期和時間的，大多是不容許退或換的。

如果是長途的路程比如從蘇格蘭北部去英格蘭西南部，最好的方式是坐飛機。而且英國飛國內和歐洲的便宜航運公司也很多。

在英國留學最方便於去歐洲大陸旅遊，如果計畫得好，花費也不是很高。出門以前一定要做好充分準備，機票旅館最好要提前查好預訂。

上-街頭表演
下-跑馬場

長途火車與汽車優待票的網站在這裡

- National Express：
  http://www.nationalexpress.com/
- National Rail：
  http://www.nationalrail.co.uk/
- Megabus：
  http://www.megabus.com/uk/
- 還有去歐洲的Eurostar：
  http://www.eurolines.com/

1. http://www.schengenvisa.cc/。
2. 如果嫌自己辦簽證，訂旅館太麻煩，可以通過旅遊仲介去歐洲團體遊。在英國有華人辦的旅行社，他們也會代辦簽證，例如Omega、王朝。

便宜的航空機票網站在這裡

- Ryanair：
  http://www.ryanair.com/site/EN/
- Easyjet：
  http://easyjet.com/en/book/index.asp
- BMI：
  http://www.bmibaby.com/bmibaby/html/en/splash.htm

體育活動

　　不少留學生發現參加體育活動不僅僅是強身健體的方式更是社交的好途徑。一般而言，一定規模的大學都會有不少校級運動俱樂部，例如足球、羽毛球、射箭、跆拳道、英式橄欖球、高爾夫、瑜伽等等。

　　在蘇格蘭，登山運動是非常流行的。其中東部由於降雨量少於西部而更適合登山活動。各種各樣的登山俱樂部的水準也不同，一定要根據自己的情況選擇適合自己水準的隊伍。無論是英格蘭，蘇格蘭還是威爾士地區的山地，都不像亞洲的任何名山有人工築成便於攀登的山路。如果你是初學者，建議先加入半天到一天完成的登山活動，而且要配備合適的登山靴和防雨服。如果沒有登雪山的經驗，建議你最

好不要在冬天登高山，一來冬天登高山專用用具你可能不知道如何正確使用，有可能誤傷自己或他人。二來高山上人煙罕至，不利於救援，更不要嘗試一個人登山，萬一出了事故被人發現的概率很小。

假期打工

在你合法工作之前，任何人都要申請一個國家保險號碼（National Insurance Number）。這個號碼會跟隨你一輩子，你所有的納稅情況及不良記錄也會被記錄下來。你或你的雇主要去當地的Jobcentre Plus Office申請一個號碼給你。即使你畢業以後找到了正式工作，你的NI號碼也會保持不變。在你學期中，你打工的時間不得超過每週20小時，然而，在寒暑假，你打工時間可以達到每週40小時。

剛來英國的學生可能比較傾向於到中國餐館打工，這裏總結很多華人留學生的經驗，大家最好不要去中國餐館工作。一來那裏的固定工人素質不高，有的連英語都不會，有的甚至會欺負打零工的華人學生。二來中國餐館工資一般都很低，所收得的小費也不沒有你的份。他們會利用學生想多打工的急切心理支付低於法定最低標準的工資。很多學生以超時打工作為代價當了廉價勞動力，這反而讓你理虧。三來，在這種地方打工不會對你的英語水準有任何提高，還不如利用多餘的時間好好提高自己的口語，找到時間短工資高一點的工作，例如商店售貨員、Call centre電話接線員、劇院領座員、圖書管理員。

其實還有很多你所不熟悉的工作機會。英國大型的公司有很多Trainee和Placement的機會，工資比畢業生低。一方面公司花很少的錢就找到沒畢業的大學生，另一方面給自己找潛在的好員工，學校也一般允許學生停課一段時間去做實習。給這些大公司工作幾個月，甚至一年將對你未來畢業找工作有很大的幫助。

一些仲介（Recruitment Agency）也會有臨時工的機會，他們比較正規但是要抽取一定費用的。適合學生課餘時間做的臨時工作有很多，像是清潔工、侍者、接線員、導位員等。有很多學生傾向

當地的Job Centre
http://www.jobcentreplus.gov.uk/
JCP/index.html

於在學校工作，你要向學生會提出申請，排隊等待圖書管理員、學校宿舍的管理員、清潔工等的職位，這種工作一般都很輕鬆，工資也比其他校園外的工作高，而且還享有帶薪假。

讀博士的留學生要積極向導師爭取做講師助理的工作，雖然不是全職，但這將為以後申請講師職位增色不少。如果你立志以後做一名大學老師，那替導師代課的工作簡直是再理想不過了，但前提是你的英語夠好，有了這個經驗以後，在大學裏找教課的工作就方便很多。或者可以做導師的研究助理，幫忙作實驗，批改試卷等。但不管爭取到什麼工作機會，要主意保護自己的權益，即使是臨時代課，最好也要先簽合約，這樣對你自己是一個保護，別人也就不能強迫你幹合約之外的工作了，不要糊裏糊塗白乾一場然後自我安慰說就當交學費了。

英國留學省錢大法

英國社會其實貧富差距很大，相應地也就產生了很多窮人樂意光顧的低消費場所。作為留學生，在英國的時間也不是很長，其實沒有必要什麼用品都要名牌高消費，有很多可以省錢的方法在這裏可以與讀者分享。70年代以來英國人的消費觀念發生了翻天覆地的變化。銀行貸款，信用透支使得英國人變得似乎比以往任何時候都更富有，提前消費成了年輕人的時尚，但是希望大家不要學習這種習慣。英國人享有很多社會福利待遇例如失業保證金，政府廉價房等等，但是作為外籍人士，雖然我們繳的稅和他們一樣但是我們並不享受這些待遇。萬一遭遇失業等危機，也就沒了任何保證，貸款還不上，在銀行失去了信用，簽證也作廢，很可能只能回國一條路了。

食

民以食為天，我們不主張大家餓肚子，或只買便宜菜，放棄自己的最愛。但是一般超市的東西比街道市場（Open Market）貴。不同的超市價格檔次也不相同，英國主要的大超市按價位從高到低排列有：Waitrose、Marks and Spencer、Sainsbury、Tesco、Iceland、Asda。

來到英國你會發現一般低收入階層都很胖，反而白領有錢人比較瘦。其中原因是英國人的食物結構走兩極化，那些垃圾食品像蛋糕、餅乾、巧克力、炸魚薯條（Fish and chips）等都很便宜，反而健康食品如蔬菜水果有的比肉類還貴。超市里有很多冷凍的半成品像是冷凍比薩餅，冷凍盒飯，冷凍油炸食品，價格比自己做新鮮的還要便宜，回家只要用微波爐轉一下，或烤箱烤一下就成了。有一些留學生對飲食品質要求不高入鄉隨俗也加入了「微波」生活。但是這種生活方式對人的身體危害是很大的。不僅會營養不良，而且會導致肥胖和心血管疾病，出門在外我想誰都不想生病，還是好好愛惜自己的身體，所以我們不建議為省錢，省時間或其他任何理由改變自己的飲食習慣。尤其是女生剛來英國很容易發胖，因為自己熟悉的零食在英國沒有，就只好改變成了薯片、巧克力、蛋糕之類高熱量低價位的「垃圾」。

其實最簡單的就是自己做飯，如果做煩了中餐，可以學一下歐洲

上-英國知名超市
下-英國知名超市

一些簡單的烹調方法，有些也是很省時省力又健康的比如蔬菜沙拉、自製三明治、烤雞肉等等都是華人留學生容易接受的西方菜式。煙在英國的稅很高，很多人主動放棄或減少了吸煙，這是一舉兩得的好事。酒可以說是英國人娛樂中一項很大的花費，英國人每週都要去至少一次酒吧，對「把酒暢聊」的熱情遠比美食來的久遠，其間與朋友互相買酒花費不斐。如果你並沒有酒癮和酒量的話，這一項也不必入鄉隨俗。

衣

英國每年聖誕過後和夏末都有大幅度的打折潮，有的商店可以打到三折，甚至一折。英國人超愛買衣服，一個女孩子擁有上百雙鞋其實並不少見，原因都是因為這種打折風。奉勸各位女士不要太跟風，要知道在自己前途未定的情況下，買這些東西並無多大用處，棄之可惜的東西要少買，但是必須的衣物在打折期間購買很合適。

英國人體形比華人平均要大一些，所以身材特別小的女孩子買衣服可能有一點困難，但是也不必從家裏帶所有用品。英國很多童裝店的衣服又時髦又便宜，和華語區的概念是不一樣的。在華語區屬於一般身材的人在打折期間還是很容易買到自己的號碼的，因為英國人挑剩下的號碼對他們很小但比較適合我們的身材。給小孩子買東西在英國是免稅的，有的時候比國內還要便宜。皮鞋方面，英國本土最出名的品牌要數國內價位很高的Clark了。物美價廉，每逢打折潮，很多華人都會買幾雙帶回國送人，便宜又上檔次。

住

與朋友合租多居室的房子顯然比自己租個獨屋便宜。不只是房租，水電費寬頻都可以有人分擔。不然自己擔負這些帳單一個月就上百鎊。如果你是學生，你的房稅（Council Tax）是免繳的。如果你畢業後工作了，最好不要和學生一起住，因為他們不會分擔你的稅，你將要負擔至少50%的房稅。房子越大，價格越高、稅越高。這也和當地市政府的政策有關，有的蘇格蘭城市把水費之類的也加入房稅，就顯得比別處高。而且如果是當地

找房子的網站

✍ http://www.findaproperty.com/
✍ http://www.foxtons.co.uk/search
　?search_type=LL
✍ http://www.gumtree.com

城市中學生，失業人士很多，因為他們免稅，但是市政費用又不變，所以你繳的稅就自然多了。

行

　　在英國出行有個奇怪現象，火車比汽車貴，汽車比飛機貴。提前預訂票比當天買便宜很多，如果幾個朋友一起租車旅遊比坐火車又來得便宜方便。火車比較方便也比較舒服，作為學生或未滿26的年輕人，你可以辦一個Young person card坐火車可以省三分之一的票價，但這個證本身要將近30鎊一年，而且每年隨時調整該證的價格。如果去旅遊城市遊玩不要把票丟了，一般憑火車票可以在特定的景點得到票價折扣。比如說倫敦很多景點憑你的火車票就可以享受半價門票的優惠。具體的細節也是隨季節變化要看當時火車站的免費宣傳冊。

　　坐National Express的長途汽車可以用NX2 coach card打折卡10鎊一年，但折扣不多。如果網上訂得早，可以買到1鎊特價票（Funfair）。另外一個訂便宜長途汽車票的網站是www.megabus.com，但是要訂得夠早才可以享受便宜的優惠，要注意這種超值優惠票一般是不能退且不能改時間的。

　　自行車並不是一個安全的交通工具。對於英國人來說它更像是運動工具。城市很少自行車停車位，更沒有看車老頭了。自行車是和機動車混行的，而且容易丟。計程車是最貴的交通工具，儘量少打為妙。

英國各地都有各式各樣的旅館，其中以青年旅館（Youth hostel）最便宜，但要和別人擠一個有七八個上下床的屋子。其次是B&B包早餐，價格也實惠一點。旅館的總體水準比國內要差很多，三星級也就相當於國內一星級。

用

雖然英國食品比國內要貴，但日用品並不會相差很大。低價商店也很多，像是一鎊店（Poundland, Pound stretch）、目錄商店（ARGOS）或大型超市（ASDA或TESCO）等。有些臨時性傢俱物品完全可以去二手店買，便宜得很，學成離開的時候丟掉也不可惜。英國的慈善點很多像是Red Cross、Oxfarm等等，散佈在每個城市和小鎮。英國不是一個浪費的民族，使用二手店的東西也就理所當然是一種美德。人們經常把不再用的東西無償的捐助到這些慈善店，盈利就作為各式各樣的慈善基金去幫助本國需要幫助的人或其他貧窮國家。

醫

NHS的免費醫療我們前面已經有介紹。這裏再補充一點關於孕婦的待遇問題，當你確認自己懷孕的那天起，就開始享受完全免費的醫療，即使你有工作收入亦然。如果是處方藥，你連處方費也不用支付。牙醫檢查和治療也完全免費。你會被你的醫院或其他婦幼中心的助產護士（Midwife）定時約見。剛開始是兩個月一次，每月一次，以後會比較頻繁，一直到最後臨盆的一個月就要每週約見一次，之間你會得到免費的體檢以確保一切正常。在20週的時候你會有一次超聲波掃描（Ultrasound Scan）以估計生產日期，叫做Dating Scan。在30週的時候一般你會有第二次的掃描，檢查孩子是否發育正常，你也可以在此時得知小孩子的性別。對於健康年輕的孕婦，她們的檢查計畫也會少一些。比如在蘇格蘭很多醫院只提供一次掃描，這樣就很難知道孩子的性別了。如果你在懷孕過程中出現了異常情況，醫院會更加密切的注視你的身體情況，你去醫院的次數也就比別人多很多。醫

院是鼓勵丈夫陪同看醫甚至陪同孕婦共同經歷生產過程的，一直到你孩子出生後的哺乳期，醫院還會派護士區家中拜訪進行育兒指導。

信

誠信很重要。無論是打工、做生意，甚至銀行貸款、信用卡預支都要講誠信。做什麼都要按規矩來，不能自己怎麼方便就怎麼做。不按規定就要被罰，毫無講情的可能。從小事上來說，在圖書館借書、商店租DVD如果超時未還都會罰款，信用卡月底未繳足欠款或超過透支額度也要罰款。這些都是小錢，但像違法超時打工、漏報稅、亂簽手機合約不按時付帳，單方面中止任何形式的合約等就有可能被追究法律責任。最糟糕的是給自己留下很壞的紀錄，在英國失去信用擔保，以後也無法在銀行貸款，甚至開戶。

另外一種罰款是由於沒有及時繳納電視收看費（TV License）而遭受的罰款。在英國只要你的住所有一台可以收看的電視，哪怕是一個電視臺節目的電視機就要繳納電視收看費。一年的費用大概是彩電100鎊多一點，黑白電視要便宜一些，他們每隔一段時間就會開著車拿著監視儀到沒有繳納費用的住址附近監視。掌握了證據後，他們就會對你的住所發催繳信，然後上門檢查。一旦發現電視機就會對你作出1000鎊的罰款，有很多學生省了小錢卻賠了大錢不值得。

網上購物

如果你是那種懶得去逛商場的人，網上購物也許更適合你。各個品牌店或超市都有網上購物送貨到家的服務。

退稅

英國的稅收各式各樣，涵蓋各個方面。你的收入要繳稅、你花錢

網路購物

- www.kelkoo.co.uk
- http://www.moneysupermarket.com
- Quidco優惠網
- www.snapfish.co.uk
- www.greasypalm.co.uk

也要交稅、買房子要交稅、賣也要交稅。但是有些稅是可以申請退還給你的，例如個人所得稅，不像國內收入稅按月扣，扣了的就扣了，別想退一分。

生病就醫

雖然大多數亞洲留學生感到自從來到英國後很少得感冒或上呼吸道疾病，但人難免有個小病。如果不瞭解這裏NHS系統，看病就成了難題。

在英國，藥不是隨便買的，藥店不是隨便開的，醫院也不是隨便進的。因為NHS醫院是免費的，病人將根據不同的病情安排不同層級的醫生和醫療機構以免浪費。NHS系統包括幾個層級的醫療系統。最普通的是區域診所一般很小。在那裏工作的是家庭醫生General Practitioner（GP），他們是醫生中等級最低的。不要指望他們治什麼大病。他們所能做的是判斷你病情的嚴重程度並適時對病人進行健康教育，比如推薦安全避孕方式、糾正你的坐姿以幫助治療背疼等現象。病輕的往往能從醫生那裏拿到止痛藥、簡單抗生素等處方。在醫院是拿不到藥的。他們的工作時間是週一至週五，早上9點到下午5點。如果你的病不是要命的急診，一般第一個要見的是你的家庭醫生。他們的水準一般，有點像國內的高級護士。他們能治療的病症往往是能用一般消炎藥止痛藥解決的。所以造成一種假像，家庭醫生只會開止痛藥、消炎藥。但是在英國看病不用擔心醫生會誇張你的病情，因為他們的原則是，能少用藥就少用藥，能吃藥就不開刀。

再往上是大的醫院，沒有你家庭醫生的推薦函，你一般是不會去那裏的。一般的小疾病家庭醫生就可以開藥解決，除非病情嚴重，你的家庭醫生才會把你轉給醫院。老年醫院更像是養老院，當然和留學生也沒什麼關係。另外還有專業醫院比如眼科醫院癌症專科醫院做更專業的治療。當然一般病情也不會送你去那裏。別小看街角的小藥店，或大超市的藥品專櫃──它們都是NHS特許的售藥處。這是NHS系統最小最低級的單位。每個小藥店都有資格認證的藥劑師。如果是很普通的小傷小病可以直接去

藥店問藥劑師，免去了預約醫生的麻煩。他們也是可以為你推薦藥品的，但他們絕不會越權看病。比如如果他們認為你不是簡單的流鼻子，他們會勸你去見家庭醫生。就像家庭醫生如果懷疑你是肺炎會推薦你去醫院。

如果你不幸被推薦去了正式醫院，也不要擔心。英國專業醫生證書可不是好拿的。能到正式醫院工作的醫生的水平比家庭醫生要高很多倍。但是可笑的是相反護士的水準比國內差很多。雖然他們的態度永遠是和藹可親，但是他們打針的水平、工作效率都比國內低很多。

首先你需要註冊醫生，這一過程大約需要一兩週的時間。打電話預約時要說明你剛到這裏要註冊一個新的NHS醫生。護士會找一個時間讓你親自去診所或醫院註冊並簡單的檢查一下身體。

如果你搬家去了另一個城市，你要告訴你註冊的診所你已經離開了。並儘快在新城市註冊一個NHS醫生。之所以讓你馬上註冊是因為如果你突然病了，地方診所不會馬上接受未註冊的病人。他會要求你先註冊再預約見醫生。到時你將會浪費很多時間註冊再預約。

萬一你剛到一個地方還沒來得及註冊就病了而且很嚴重。不必擔心你還是可以就醫的。每個城市都有大醫院設有急診處Accident & Emergency（A&E），或Walk-in-centre。這兩個地方你不用提前註冊而且週末也工作的。

在用藥方面，英國的醫生用抗生素類藥品非常的謹慎，一般小病不會開藥方（Prescription）。在歐洲其他國家也是一樣。這都是因為歐洲各國對抗生素類藥品有著很嚴格的法律法規。比如感冒了發燒到38攝氏度醫生還只給撲熱熄痛之類的退燒藥。非要等到39度才給開。藥方還是實名制。沒有醫生的藥方你就不可能從藥店買出抗生素類藥品。就連最普通不過的紅黴素眼藥膏也需要醫生的醫囑，否則別想從藥店買到手。另外醫生建議的用量也比國內少一半。英國不僅控制醫生方面，對於用藥的病人，也有要求。

小結

留學生涯不僅僅是學習，還要

生活，而且要活得豐富多彩。本章
為大家提供了很多在英國的學生生
活的知識和小竅門，希望讀者能享
受每一天。

醫院門口

7

人際交往

　　英國社會階級性根深蒂固，跨階級的朋友很少，而人以群分的觀念盛行。貧富差距使得不同家庭對子女的教育投資差異甚大，也就產生一種惡性循環使得窮人的孩子由於教育水準差而更難在社會上立足，身世在很大程度上決定一個人的地位和前程，即使是小有成就的英國本國人如果家庭背景不好也會存在很強的自卑感。這種微妙的社會現象，在英國待久一點就會有所瞭解了，英國人也笑言只要聽一下一個人的口音就知道他的背景地位如何了。由於這些差別，很難總結說英國人都是怎樣的。毫無疑問你會遇到各式各樣的人物，而如何交往要靠你自己掌握了。你會遇到很友好，很樂於助人的好市民，也會遇到種族歧視嚴重的同事。你的同學可能很自立很積極向上，但也不乏嬌生慣養的獨生子女小皇帝。

　　雖然中英文化差異很大，但只要本著相互尊重，誠實的原則還是很容易溝通的。很多外國人覺得華人很粗魯，沒禮貌，或不夠衛生都是因為文化差異和生活習慣不同造成的。所以去英國之前還是有必要瞭解一下他們的日常生活習慣，尤其是那些使他們不能容忍卻對華人無傷大雅的小細節。

應該注意的小細節

細節一：容易忽略的行為

　　英國人很注重個人衛生和身體噪音，不分冬夏每日洗澡換衣服是

習慣。

英國人可能對噪音最敏感，像是打噴嚏、咳嗽吐痰、放屁都會儘量減小音量還要配上「Excuse me」生怕打擾了別人。吃飯的時候也不要嚼得很大聲，喝水的時候他們也會儘量不發出聲音，在他們餐桌上一般只能聽到刀叉叮叮噹噹的聲音，當然也不必為身體噪音過於精神緊張。來過華語區國家的很多外國人對華人清嗓子和隨地吐痰的獨特習慣非常詫異，希望我們不要把這種不良習慣帶到國外。女孩子要注意不要在公共場合補妝，尤其是與西方男性共餐時不要當面塗口紅，除非你想進行性誘惑。男孩子更不要在大庭廣眾之下整理自己的衣裝。

有很多手勢在歐洲國家也被視為不禮貌的。例如在亞洲很流行的勝利標誌的V（即將食指和中指樹立手心朝外）如果不小心手心朝內就變成了罵人的意思。很多英國人出於禮貌不會立刻糾正你，反而不利於我們改正。如果你用食指輕彈門牙，脾氣大的義大利人會和你打起來。

當幾個華人湊在一起不知為

什麼聲音往往會高八度，為此很多外國朋友曾不解的詢問難道中文是一種很粗魯的語言嗎？為什麼他們聽起來好像在吵架？其實有教養的英國人平時說話很小聲，只要對方剛剛能聽到就可以了。但是當他們半夜裏喝醉了在街上大聲喧嘩的時候，你大概也能領略一下「粗魯」的英語是什麼樣了。

細節二：請、謝謝、對不起是口頭語

在英國，請、謝謝、對不起之類已經不是一種禮貌用語，而是一種口頭語。你會發現時時刻刻都在使用著。入鄉隨俗，經常說謝謝也沒什麼不好的。有人戲說如果兩個司機面對面會車，在其他國家可能因為互不相讓而對峙，而在英國將會是因為兩方相互謙讓對方而無法通過。

細節三：名字

其實不只是英國人，所有人應該都很重視自己的名字吧？可是重視程度又以英國人為重，如果你發音不準，或拼寫錯誤他們會很禮貌的糾正你。而華人在這方面卻是很大度，乾脆給自己起個和自己中文

名字毫不相干的英文名字，這讓所有外國人十分詫異。幾乎所有的外國朋友都提及這一問題，問說為什麼那麼多華人不是用自己的名字而隨便起一個洋名字了事。有些華人是因為照顧外國人發漢語音困難，試問他們又沒有因為你不會發th的音兒把這個音節改掉呢？他們認為一個人的名字就是他自我的表現，如果別人對這個人的名字不尊重，也就是對本人不尊重。所以，我們大可不必講究別人，隨隨便便給自己一個奇怪的新名字，你自己的身份（Identity）是不用入鄉隨俗的。

細節四：原諒英國人的「無知」

你也許會吃驚很多處於中產階級以下的英國人對華語區國家乃至世界的無知，有的人對華語區國家的瞭解也僅限於幾部中國電影和BBC傳統的宣傳。不要以為他們是裝傻，英國的媒體對包括中國在內的很多國家的報導很偏激不夠全面，而且本國人民對外國事宜也不是很關心，以至於英國大眾對外國並不很瞭解。但是也要認識到，有很多英國人又是知識淵博深藏不漏的，尤其是身處高層的白領和科研

學究們，這也是英國兩極化教育的結果。

應避免的話題

在瞭解了英國人對政治的觀點之前最好不要輕易和陌生人談政治問題。要想瞭解整個英國的政治傾向，最好的方式是觀看媒體的新聞報導和評論節目。BBC可以說是政府的口舌，從中可以很清楚的看出政府所希望輿論的導向是怎樣的。而絕大多數公民是很輕易受到媒體的影響的。對待某一政治敏感問題的時候你會發現媒體和政府的言論傾向有很大程度上的吻合。另一大媒體SKY相對來說就比較客觀一些。英國人（或者說西方老牌的民主國家們）對政治的關心遠低於亞洲國家的公民。政治只是政客的一種遊戲。你在電視上看到執政黨和在野黨在內閣吵得不可開交，然而他們可能在私下一同喝酒聊天。換句話說作為政客是一種工作，他們也不會太過忘我。普通公民對於政治的不關心會讓你吃驚。所以與其談政治你會發現他們對於國際大事看法很片面甚至沒有看法。與之形

成對比的是亞洲人對政治和國際事務的執著與認真。當然也有很關心政治的少數人，不然怎麼維持30%投票率呢。所以不是說不要和英國人談政治，而是要找對人談不然只是浪費時間話不投機。

待客之禮

如果你打算邀請朋友到家裏聚一聚展示一下自己的廚藝，美味的中餐是最好不過了。但是西方人中有很多素食者，或忌口的東西很多。邀請別人之前最好問問清楚，避免出現尷尬的情況。

另外，不要奇怪你的客人會遲到，一般西方人習慣比約定的時間晚到而不是提前。然而德國人除外，他們一般很準時的。

做客之禮

所謂禮尚往來，英國人很少把朋友請回家但是你還是會有拜訪別人家庭的機會。英國的一個組織叫Host UK是專門聯繫英國本國一些熱心家庭免費接待外國留學生，在家裏做客一兩天瞭解英國平常人生活的。學校附近也會有一些教堂裏的教徒們組織這種邀請留學生回家的活動、你的導師、英國同學同事也有可能邀請你去家裏的家庭聚會或朋友聚會。

如果你有幸被主人邀請，最好在禮節方面注意一下。首先去之前要先瞭解你是否是唯一的客人，主人是否會請吃飯（Meal）還是只是下午茶（Afternoon Tea）。免得餓著肚子去了卻沒得吃，或吃了飯才去反而無法品嘗家製美食（Home Made Food）。

正式的西餐一般有三道程序：頭盤（Starter）、主食（Main course）和甜品（Desert）。這樣上上下下轉換盤子之間使用餐過程變得很長。英國烹調佐料比較少、味淡，很多華人的評價是：只有甜品還不錯。如果是很講究的家庭餐具會擺放得很複雜，吃飯的程序也繁瑣，如果不確定哪個工具是作什麼用也不妨詢問清楚再使用。

如果是去別人家，禮貌上帶一點禮物是應該的。主動問一下主人是否希望你買個甜點或飲料。如果主人說已經準備，那你可以買盒巧克力或一件從國內帶來的小手工藝

英文	中文	意思
Veganism（Vegan）	素食主義	確切地說Vegan是反對一切利用動物製造食品，衣服，或其他任何產品的人。他們不僅僅不食用動物本身，連牛奶、雞蛋、雞精、蜂蜜這些副產品也會拒絕食用，中餐便很不適合這類人。在英國大概有不到1%的人堅持Veganism，這多半是因為信仰原因。
Vegetarian	素食者	這一類人大多是佛教徒。有時只是出於健康飲食的考慮放棄了肉類食品，但他們的食品可以包括奶、蛋、蜂蜜等非直接動物產品，他們也不會拒絕牛皮製作的箱包。
Muslim	穆斯林	我們通常的理解是他們不會吃豬肉而已，但是實際上除了豬肉，他們只食用以特殊屠宰方式處理的牛羊肉（Hala Meat）而已，而且他們不飲酒。在英國由於超市里的肉類大多是電死的，他們會去專門的買Hala肉的商店購肉製品。他們每年會有齋月，之間白天不能吃喝所以更要問清楚再請客。
Hinduism（Hindu）	印度教	他們不會食用牛肉，大蒜和洋蔥。由於地域不同，信仰印度教的人有的是素食者，有的可以吃部分肉製品。
Food Allergic	食物過敏	西方人有很多人有過敏的毛病。過敏的食物種類也是各式各樣，有人對巧克力、牛奶、花生、麵粉過敏，有人對海鮮、味精、醬油、洋蔥過敏等等。

品。送花束是很好的主意，但是在瞭解了主人家是否有人具有花粉病之前最好不要隨便送花。但是西方人交友都很淡，不要突然冒出很貴重的禮物不合時宜。拜訪之後或第二天可以禮貌性的發個郵件或打通電話表示一下謝意。同樣的，不要在主人約定的時間之前到達。可以晚十幾分鐘到半小時。

如果是同學過生日慶祝之類的要去飯店吃，要記得自己帶現金，不要期待他會請客。如果他們聚會的地點是酒吧那就可能連吃的都省了，而且英國人的習慣是客人要為過生日的壽星輪流買酒喝。

涉外婚姻問題

涉外戀愛和婚姻在留學生中已成為很普遍的現象。這裏要告誡大家的是要明確自己的目的，不要稀裏糊塗戀愛或結婚再很失望的分手或離婚。一般來說英國人是不怎麼喜歡結婚的，即使有了孩子亦

然。在英格蘭四分之一的孩子出生時父母都沒有結婚。英國法律上的規定也與國內不同的，早在1753年開始，英國就已經不承認所謂的「普通法婚姻」（事實婚姻）了，也就是說如果同居雙方分手或者其中一人去世的話，同居伴侶不享有如同夫妻一樣的法律權利。如果你不把婚姻作為一種選擇的話，也請你和伴侶定好相關協定例如產權協定甚至遺囑。社會複雜，你會遇到各式各樣，有各種目的的人。和在國內一樣，你可能遇到十分滿意的伴侶，也可能被欺騙。瞭解一個人需要時間和智慧，不要只看到他和你獨處時的有限時間內的表現，約會中的人都是光鮮亮麗儘量把自己最好的一面表現出來，也要注意他對除了你以外的人（比如，你的朋友、他的朋友）的態度和他為人處事的習慣。作者的朋友中與外國人結合的不少，但幸福的不多。究其原因是相互理解不夠，或生活習慣不合。說起來好笑，有很多華人最不適應的是伴侶的飲食習慣。這些雖然是日常小事，但是又有幾個家庭因為國家大事破裂的呢？在看到對方優點的同時，也要看到他所有的缺點，底線是如果沒有什麼特大的缺點是你不能忍受的，那你們才能長久。我們曾見過一個華人小女孩剛剛高中畢業，隻身一人來到陌生的英國讀大學，個人自理能力不強，英語不好，對英國社會還有恐懼感，突然受到異性的關心，肯定產生類似戀父情節似的感情，然而要認識到那並不是愛情是很難的。她在19歲不到就嫁給了一個大她近20歲的離異男子。沒有考慮到文化差異、教育背景，和興趣愛好，幾年後一直生活得很矛盾。

歧視問題

英國社會中大多數是白人，而其中身處中上階級的又以男性居多。如果你問在這樣的社會中是否有歧視，很多在國外生活的人都會告訴你沒有歧視是不可能的。比如說在英國受雇的少數民族（非英國白種人）的工資比同樣級別和工種的白人要低，女性的工資也比男性要低。個人遭遇的嚴重程度有所不同。怎樣對待歧視呢？嚴重的可以通過運用平等權法規制度（Equal opportunity）為自己討公道。滑稽

的是在外的華人反而對某些特定族群抱有歧視的態度。

如果遇到性騷擾（Sexual harassment）最愚蠢的做法就是躲起來，什麼也不做一個人難過。如果你聽之任之，事情只會越來越嚴重，對方反而會理解為你喜歡他這樣的舉動。所以在事發當時就要大聲予以訓斥，最好找到證人。在英國這是很嚴重的事情，你一定要勇敢的站出來面對，學校也會支持你。如果實在找不到證人，可以從側面尋找他曾騷擾過的其他女性一起控告他。

至於有人抱怨外國人總是瞧不起華人，這有點偏激了。在學校裏，往往是華語區學生具有比當地學生更好的基礎知識，唯一不足的是語言方面而這是可以通過練習改善的。在生活中我們東方人尊老愛幼、適可而止的美德也是他們無法比擬的。在工作中，華人往往會因為勤奮得到上司的賞識。華人唯一欠缺的地方可能是我們謙虛和低調的作風，在西方教育背景下成長的人一般都很自我，表現意識強，不很謙虛，不怕做出頭鳥。而這種出頭鳥才往往是眾人刮目相看的人物，默默無聞反而很容易被人看不起。

要想讓別人尊重你，你也要在某一方面有一點點超人之處。很簡單的例子，你如果喜歡打球，就努力練習，達到比平均水準高一些。如果你擅長學習，期末拿個高分把同學鎮住。如果你喜歡玩電腦就索性多鑽研電腦應用知識，做到別人在電腦應用方面的難題都要請教你。如果你最大的愛好是做飯，那就在圖書館借些各國烹飪的書籍進行實踐，做個出名的大廚。如果你喜歡旅遊，就多讀些國家地理雜誌之類的書籍，或多實施一些便宜的出行活動，以有資本向人炫耀。讓外國人佩服你很容易，而只要有一點超人之處，別人就不會把你看扁。

小結

要融入英國社會，就需要瞭解英國人的生活習慣和文化。學校學到的知識很重要，但是能快樂的與當地人交流，瞭解一個國家的人文歷史，也是人生中的一大收穫。

8

在英國工作

找工作

找工作的時機

　　每年在英國留學的華人很多，但留下的卻很少。有人說英國找工作太難，也有人說好找。其實找不找得到工作取決於你有多想找到工作。其實在英國，碩士博士找工作沒有那麼難。凡是在英國找到工作的都有一個共同感覺就是，這裏不需要攀關係，完全靠自己本事。如果你是在家鄉有呼風喚雨的關係的話，也許在英國工作經驗並沒有多大誘惑。但是如果你對自己能力有信心，不怕一開始吃一點苦，相信工作應該不難找。

　　前面說過不管你學什麼專業關鍵你自己要喜歡。畢竟一個行業作一輩子，如果是自己不喜歡的，掙錢再多也不會開心。碩士生學習一共就一年至兩年的時間，找工作不要放到最後幾個月才開始。到時候又要考試忙論文找工作的時間就沒有那麼充裕。

　　博士生找工作的重點又是什麼呢？首先說一下時機問題。找工作是個漫長的過程，一開始是你挑工作，後期是工作挑你。在研究的後期就要注意一下經濟走向和本專業相關行業的就職前景，但還不用急著遞簡歷。如果論文初稿都還沒完成就過早的開始一個新的全職工作，你的博士會毫無疑問的拖延很

久。一般人都會忽視了論文撰寫階段所需的時間和精力，工作以後再想要有整天大段時間集中精力寫東西是不太可能。一天一兩個小時是沒什麼用的，而且你也會多半失去了對導師的密切聯繫。所以建議你最早在完成初稿以後再開始正式的撒網找工作。因為，初稿完成到最後定稿也是一個很漫長的過程。前面提到找到一個資深教授做導師的好處之一就是可以借助他的人脈幫你提供工作機會，但成敗與否還在於你個人的努力的發揮。

工作地點

英國GMB總工會的資料顯示2008年度英國首都倫敦的工資水準比其他地市要高大約50%。收入最低的是北愛爾蘭地區。由於倫敦是英國乃至世界的金融中心，銀行業的大亨們的超高年薪和紅利大大的拉動了總體工資水準。

但是我們不能只看年純收入高低而忽略了消費水準。工作生活平衡度（Work-life balance）會很大程度上影響你對工作的滿意度。比如說倫敦的房價、租金、交通費都比英國其他地方高很多倍。對於有家室的人來說，在倫敦生活還是很艱難的。我們比較鼓勵單身的年輕人在倫敦這樣的大城市尋找工作，一來英國大多數的工作機會都在倫敦，有了在倫敦某大公司工作的經驗，你的個人簡歷也會添色不少。跨國公司的英國分部也理所當然的會建立在倫敦，而且一般國際性的大宗生意都會集中在倫敦的總部，這樣一來你將獲得很多難得的工作經驗。其二，倫敦的生活比較豐富多彩，畢竟這一古城有著千年的文化積澱，而且非常的國際化。在倫敦生活的日子會給你個人經歷帶來很多的亮點，當你在每天的上下班時間加入幾百萬白領階層緊張的生活中，你會立刻感覺到這個城市和

英國各個地區按平均收入高低排列

倫敦	£46,462
東南地區	£32,819
蘇格蘭	£28,296
西南地區	£28,182
中東地區	£28,057
西北地方	£28,045
威爾士	£25,677
東北地區	£25,551
北愛爾蘭	£25,550

英國其他任何城市的明顯區別。人們的生活節奏要快得多，生活內容要豐富的多，社交圈子要廣的多，年輕人的身影也多得多。其三，如果你是愛好藝術喜歡文藝的人，倫敦上百家的博物館、美術館，各式各樣的藝術市場肯定讓你流連忘返。倫敦的夜生活也很豐富。在其他城市可能只有一兩家歌劇院、電影院，而光是市中心Leicester Square附近的劇院電影院就有上百家每天上演著不同種類，各種國別語言的話劇、默劇、脫口秀、歌劇、舞劇、電影。無論是市中心還是二區以外的夜總會也是琳瑯滿目各有特色。

如果你更喜歡安逸平靜的生活的話，倫敦就不是個很好的選擇。昂貴的生活費、混亂的治安，不利於孩子教育的生活環境，城市的污染使得倫敦成為不適合家庭生活的城市。而轉向去二線城市像愛丁

Trafaguar Square周末活動

堡、曼徹斯特、伯明罕等也是不錯的選擇。這些城市的交通要比倫敦緩解很多，生活費用也相對較低。雖然娛樂沒有倫敦發達，但是家庭購物出行都很方便，環境也要好很多。對於遠離城市的小鎮我們是不建議年輕人去的。因為第一工作機會少，工作內容也不會很精彩，很難鍛煉自己的業務水準。第二社交圈有限很容易產生寂寞感。第三小地方大公司很少。小公司對職員的培訓專案很少，你幾年的工作經驗和資歷可能還不抵別人在大公司一年的時間。

申請材料

在英國申請工作要提供自己的個人簡歷（CV）和求職信（Cover letter），及雇主另外要求的相關材料。有人說投上100份總會有一個回吧。你的個人簡歷和求職信是給對方的最直接的第一印象，你的成功率也就依賴它了。所以我們不贊成有些人無的放矢的「海投」，對每一個你要申請的工作機會，你都要花心思去改編你的申請材料。一個工作一套資料，千萬不要重複。對於那個公司你也要有所瞭解，盲目的投遞只是浪費時間而已。

個人資訊一定要真實。不要隨意編造工作經驗或誇大自己的能力。曾經有一個博士生在論文二審過程中篡改自己還沒畢業的事實，找到了一個大學裏的研究院工作。然而不過兩個月就被揭穿了，不僅失去了工作，連推薦信也找不到人寫，處境很糟糕。

另外一點是對於你投遞的資料和工作機會都要有所記錄。因為公司要找到一個他們想要的人才花費是很高的。他們會通過很多途徑像是報紙、仲介、網頁、學校等。表面看起來好像市場上有很多工作，其實只是有限的幾個相關公司在找人而已。投得多了，你也很容易把自己的不同版本的資料給同一個人發幾次，搞得前後不一致，把自己的信譽也丟了。信譽沒了，永遠得不到翻身那就再別想得到這個工作了。如果你投了上百的簡歷沒有記錄，萬一有一個單位約你去面試，你可能連送的哪一份簡歷都不記得了，到時候面試肯定要鬧笑話。而且有了這些記錄，也方便你以後直接向其詢問結果。這一步也是一定要做的，不要把資料發出後就覺得

求職信過分謙虛或誇張？

求職信、個人簡歷一定要符合你自己的真實情況和反應自己的真實能力。謊言被揭破的話，你的重要的信用度也就一落千丈，再找工作就很難了。

面試態度過度謙虛？

如果你被邀請面試，祝賀你，已經成功了一半。這說明雇主很欣賞你的簡歷。面試是要再確認，考驗你的語言、處事和交際能力，所以自信是第一要素。華人往往過分謙虛，這在國內還可以，但在英國人看來很奇怪。

萬事大吉不聞不問了。不管怎樣，如果幾天沒得到確認，一定先去禮貌性的詢問一下確認他們受到了你的簡歷。如果之後過了一個月以上還沒回音，有可能是沒戲了。但是也不要完全放棄，還要打電話詢問他們的決定。這樣做的目的是，第一完全讓自己死心，第二是詢問你自己哪方面還不足，以後改進，失敗是成功之母！

面試技巧

公司面試的關鍵要有很強的英語表達能力，夠自信，瞭解面試的公司需要的是什麼樣的人。千萬不能不做充分的準備，要知道，你要比他們本國人更出色才能擊敗他們。面試中的問題也是萬變不離其宗，他們要考察你是否敢於面對困難和問題，你能否輕鬆的融入小組式的工作方式，不但安排好自己的本職工作同時還能鼓勵和幫助其他組員。試用期中一定要表現出你的積極態度，不要只坐等老闆發號施令，指到哪打到哪的員工並不會受賞識。

越大的公司，面試次數越多。一個朋友去TESCO申請一個中級別主管，一直面試了三次外加一次電話面試，最後還是沒拿到那個工作。一般公司會邀請你面試兩次，第一次往往是考察你的專業知識，至於時間長短實在沒有定論，有的老闆喜歡刨根問底面試長達幾個小

時的都有，有的只挑經典問題考察你。但如果你前幾個問題都答錯了，或有胡說八道之嫌，你的面試會很短，這絕對不是好現象。所以，面試中很難回答的問題，和你根本不懂的領域千萬不要不懂裝懂。可以說你瞭解不多，但很感興趣。如果是問你一個專業軟體，或工具的應用能力而你正好不懂，你可以照實說現在你不懂，但是你有信心和熱情很快學會。記住他們要的是有潛質的人而不是萬能的超人，如果他們滿意你的表現，過後會邀請你第二次面試。這也就說明你成功了80%，第二次面試要輕鬆很多，專業知識少了，對你為人處事的能力考察多了。你要體現你的個人工作能力，更重要的是如同事友好相處的能力。個人心理素質也是關鍵，如果你面試都通過了，恭喜你很快就可以開始工作了，當然要在拿到工作簽證之後才可以開始。

工作簽證

我們在英國工作需要工作簽證，英國的工作機會不是白白讓給外籍人士。那些工資高，風險小的

「好工作」一般他們是不會給外國人的，比如說金融、經濟、文科。華人相對容易找到的工作有生物、物理、工程、化學。博士畢業生一般喜歡選擇學校做研究工作，但除非你的英語口語非常好，一般是很難畢業馬上當講師的。

大的公司或學校一般有很多外籍雇員，他們都配有專門的人事部門給外籍人員申請簽證，一般不會被拒簽。現在英國的簽證政策放寬了很多，你可以自己申請，具體可以查閱英國Home Office網站。

英國於2004年10月25日啟動「理工科畢業生培養計畫」（The Science and Engineering Graduate Scheme「SEGS」）。該計畫允許在英國高等或繼續教育機構取得自然科學、工程和數學科目2.2分（第二級二等榮譽學位）或以上的非歐洲經濟區國家的學生可以在完成學業後繼續在英國居留12個月，在英

英國工作簽證
www.homeoffice.gov.uk

國求職。申請人可以學生身份在計畫規定的範圍內申請離境。對按理工科畢業生培養計畫規定申請離境後回到英國的學生，要進行入境申報。該計畫的目的是鼓勵英國大學畢業的非歐洲經濟區國家的理工科學生在英國就業。在經認可的學科中取得良好成績的英國教育機構畢業生，將可在完成學業後繼續在英國居留和工作一年。

所謂拒簽的例子也有，但主要是申請人自己疏忽。典型的例子如一般學校只在一年中固定的月份發畢業證，這就需要你向學校要一張證明信證明你已畢業但是還沒拿到證書，如果缺了這信也不行。英國有對本國的無業或老弱病殘人員提供的免租房或低租房。這是對本國人的福利，外國人無權享用。有的華人住的是這種房子，還明目張膽的在聯繫方式上寫上住址。這本身就是違法行為，想拿到工作簽證更是不可能的事了。另外要注意的一件事，如果你有配偶也在英國，你可以順便把他／她的簽證一起辦了。收費是一樣的，只要把他／她填入你的申請表而且證明你們是合法夫妻就可以了。

薪水問題

英國的習慣是薪水問題擺到桌面上大大方方的說，不要有所顧慮。記住任何單位都想用最便宜的價格買到最優秀的人才。你的薪水取決於你如何推銷自己，老闆不會因為你是個難得的人才或可憐你就一開口給你一個公平的價格。你不用擔心討價還價會傷了和氣，其實如果你自己不表現出對自己的自信，他們反而會看不起你。只有你對自己公平了，別人才尊重你，才對你公平。

要想成功找到工作關鍵是要用心提早做準備，畢業前就要關注適合你所學專業的大型公司。一般大公司就業機會多，比較國際化，而且對你的簡歷更有所幫助。

找工作的途徑

找工作有很多途徑。如果要去院校研究所，可以先從自己的學校開始。每個大學在自己網頁上都有招聘廣告，學校的Career Office也會有相關資訊，有時還會組織招聘會（Career fair）。如果你在招聘會上看到自己喜歡的合適雇主一定

要上前攀談以給人留下印象，並及時遞上自己的簡歷。時常留意與你相關院校專業的網頁，或請自己的導師推薦將是很好的方式。

英國大小報紙都有求職欄，平時也要經常關注。

獵頭公司（Recruit Agency）在網上都可以搜索得到，但一般他們比較傾向有工作經驗的人。建議找到他們的電話號碼直接打電話，電子郵件往往會石沉大海。而且，你的個人簡歷也不能就放在他們那裏攢灰塵。你要注意及時更新，還要經常聯繫他們，提起他們的注意。

工作態度

在英國公司工作久了你就會察覺到英國人辦事與華人的很大的一個區別。表面看來，英國同事效率很低，也就是幹活慢。但是這一簡單的現象折射出很大的問題。一般華人的工作態度很浮燥。喜歡耍小聰明，走捷徑。而耍小聰明在英國並不認為是一種值得提倡的態度。

在工程設計公司工作的英國工程師都一樣的認真謹慎，做任何專案都按步驟一、二、三行事決不從一跳到三。而華人同事往往省略一些看似多餘的步驟。表面上看來自華語區的工程師作東西特別快，但是不久我們就會發現省略的那個步驟對後面的工作帶來了很大的麻煩，反而在後面浪費更多的時間補救未盡的職責。

有一次我觀察一個英國老電工檢查房子的電錶總閘。他的所有工具都在工具箱裏固定的位置，安排非常有秩序。看起來沒事找事的樣子。但他用過的七八件工具最後都物歸原處，這樣就避免了不小心丟失某件工具。在他檢查過的每一個接頭，他都寫上時間和他名字的縮寫。這在我們看來又是一個多餘的動作。我問他為什麼不直接在檢查完後在盒子蓋上只寫一次時間名字，幹嘛花這麼多時間一一注明，多麻煩。但他回答說，這是對電工

的要求。這樣做能保證工作的嚴謹性。雖然這是一個小工程但也要按章程做。想像一下如果他在工作過程中被打斷了，他或另外的電工很快就知道哪些接頭已經檢查過，哪些沒有。下一個電工也知道了，哪些線頭是誰在何時檢查的。

一位從國內來的留學生因在實驗室順手把一盒失敗的細胞式樣丟進了黑色垃圾桶（黑色是一般垃圾）被導師批評。他違反了操作章程，但他的理由是這合細胞尚未感染病毒不存在污染危險。如果按章程放入生物污染回收箱，他要填寫多餘的表格，申請新的回收箱，向秘書報告等等一系列的動作。但導師的理解是他違反造作章程，拿同事的健康做賭注就為了省一點「多餘」的動作。

在英國私人公司工作簡介

初入公司（公司管理形式）

私人公司也分成傳統的英式公司和美式公司，兩者各有特色。英式公司很保守，等級制都很明顯。你必須按部就班，盡情發揮你自身

能力的機會很小，很難做出大的超越。他們要求的是循序漸進的培養穩穩當當的雇員，在這種公司工作很平穩，如果沒有大的經濟危機，他們一般不隨便開除雇員。只要你做的夠平均水準，就可以平穩度日。在這樣的公司工作同事關係很好相處，工作壓力也小很多，但是你很容易能推斷出10年20年以後你的狀況會是怎樣的。也就是說，變數少，機會也小。相反如果你是在美式私人公司工作，你個人發展空間要大很多，他們是很樂意你超越他們對你的期望值，你也有更多機會升等加薪。然而在這種公司工作的壓力是很大的。工作崗位也不固定，公司裏人員變動很頻繁。因為是靠工作成績說話，每個人都很緊張，同事關係就沒有英式公司來的輕鬆。

傳統的英國公司非常嚴謹、等級制度分明，像是銀行、諮詢等行業。這一點可以從著裝要求看出來，甚至這些要求會直接寫入你的雇傭合約中去。男職員一般要求正裝的西服領帶，女職員也要正裝，無過分暴露裝束。牛仔褲、運動服、旅遊鞋更是無容身之處。近年

來隨著全球化的蔓延，很多美國、歐洲公司也進入了英國市場，這一風氣變得寬鬆了一些。有的公司規定每週五為非正式著裝日（Dress down day），但其實也沒有真正寬鬆到哪裏去。當然一些新興行業著裝要求就很隨便了比如說電腦、建築設計公司等。他們經常就以牛仔T-shirt出現在職場。如果你是在著裝要求比較正式的公司工作，說明這個公司是很重視外表的。建議你千萬不要吝惜多投資一點在自己的著裝上。多觀察你的同事，特別是你上級、上上級的著裝，甚至可以閒談中瞭解一下他們常光顧的品牌。這些聽起來好像很膚淺，但是這樣的公司往往很重視用戶端，形象是上司評價你得很重要的一點。你的著裝品位很直接的與你的身份地位是相關的，西裝不要有褶子，領帶不要有污點，襯衫天天換，每天都要熨燙過。女孩子的頭髮指甲一定要整齊，不要穿太暴露，不要連續兩天穿一件衣服。千萬不要邋邋遢遢，讓人覺得你根本就是拿不出門去給人看的。華人男生穿衣服比較保守，到了英國公司你會發現他們的襯衣、領帶真是五顏六色，

無奇不有。因此不要怕自己的裝束太惹眼，其實這是自我展示的一個平臺，也是讓別人記住你的一個方式。英國有一句名言「如果你想當老闆，就穿著像老闆的樣子」。

第一印象非常重要，因此上班第一天一定要做好準備。事先想好自己如何作自我介紹，穿舒服正式的衣服，一定要吃早飯，不要遲到。帶著微笑走進你的新辦公室，對每個人打招呼，不要忘了眼神的接觸。很多華人不喜歡直視別人的眼睛，其實避免眼神接觸反而是不自信的表現。在你剛入公司的時候，你會被安排在一個直接上司（line manager）手下。你的工作派遣，業務評價也就由他／她負責。建議你和他／她好好搞好關係，當然也不要放鬆對其他同事的重視程度。總之對每個人都要有禮貌。從其他深受歡迎的同事身上模仿一下應該怎樣待人處事。

假日旅遊

英國的假期很多，公共假期就有好幾種Bank holiday一年有幾次分別在一月、五月、八月。另外四月左右有兩天的復活節（Easter holiday），耶誕節期間有兩天的假期，元旦又有一天。在復活節和耶誕節期間，很多英國人就把自己的帶薪年假的一部分拿出來湊成長假出國旅遊。如果你計畫那個時候加入旅遊大軍的話，就請提前訂票，早日出門。雖然歐洲客運沒有向國內春運那麼緊張但是票價，旅館費都比平時要貴得多。我們建議在旅遊淡季出國旅遊，旺季的時候英國反而人煙稀少，是在英國國內旅遊的好機會。

很多人發現工作的時候反而比上學要輕鬆很多。有了錢有了時間，出行旅遊業就成了家常便飯。英國人一般都會出國旅遊，實在是因為國內旅遊太貴的原因。而且他們習慣每次回來帶一些旅遊勝地的特產給辦公室的同時吃。如果你去了那個好玩的地方也別忘記帶點甜品回來和大家分享。

你享有的權利

也許你是第一次在西方國家工作，一些相關的權利有必要強調一下。首先在你正式工作之前一定要有書面合約。標準的合約大概有10幾頁，雙方必須完全同意各項條款。建議你如果有不懂的地方要找有法律知識的朋友幫忙看一下。合約裏應清楚地標明你的工作任務、工作地點、時間、工資、假期、你的辭職權利、公司解聘的權利等等。任何含糊其辭的地方都對以後會產生隱患，一定要與雇主協商更改。

面試的時候雇主不得直接或間接的詢問你的個人隱私，例如結婚否、有無子女、個人性取向等等。如果面試中出現了這種問題，你完全可以拒絕回答。每個月你都要得到一張工資單以證明公司替你扣除了所得稅和社會保險。

雇主必須賦予你相關的各式各樣的假期，比如年假、病假等。但是你必須提前給於申請通知（Notice）。一般的公司會給新職員25天左右的帶薪假期。你需要提前告知你的Line Manager，得到批准才可以休假。任何人都享有帶薪的病假，如果不是連續3天病假可以不用醫院的假條。一年中可以請的病假是有限度的，但是每個公司規定又有所不同。

如果女士懷孕了，雇主必須允許你有帶薪的產假（Maternity

上-中國城春節
中-National gallery festival

leave）。你的工作職位也要為你保留。如果雇主以任何理由解雇你，你可以提出抗告。丈夫在孩子出生時也擁有陪產假（Paternity leave）。如果是有孩子的人可以享受一年幾天的照顧子女假（Parental leave）。如果事先與公司協商了任何培訓計畫，那麼你就享有學習假。公司有義務保護你的身心健康，創造良好的工作環境。這包括你的辦公室環境要健康，無污染。你的工作時間不能超負荷。如果你需要在實驗室工作，或去工地現場，你的雇主必須提供安全設備（PPA）例如安全服裝、手套、頭盔、面罩等，還要對你進行定期安全培訓。

工作中免不了去其他城市或國家出差辦公或開會，這時公司應該報銷你的住宿和車旅費，一天還有大約25鎊的餐費。每個公司的具體規定不完全一致也要自己瞭解清楚。如果你身體有殘疾，公司有義務為你提供無障礙設施方便你工作。你有選擇在公司工作到65歲再退休的權利。你有參加公司或私人養老保險計畫的權利。無論在面試或工作過程中你的雇主必須保證你

不遭受任何形式的歧視例如性別，種族歧視等。

當你認為自己的任何權利受到損害一定要為自己出頭。必要的時候尋求法律幫助。千萬不要忍氣吞聲。因為那將是對你自己的一種不尊重，而且也會養成公司的一種慣性，認為你是一個沒有要求的人。

設計自己的職業生涯

你可能覺得終於畢業了沒有必要再回學堂上學習了。無論是學理工科還是文科，開始工作後要儘量提前設計好自己的職業道路。賺錢不是主要目的，每個職業都有自己的一些職業認證機構。盡可能在幾年內拿到一個職業資格（Professional certificate），就像國內的律師資格證、醫師資格、建造師資格證等等。如果沒有這些職業資格證書，你的前途也就沒什麼很大的期待。早在面試之時你就要對將要效力的公司對新員工職業培訓計畫做一個徹底地瞭解，必要時情況下第二次面試的時候就要提出自己具體的計畫和要求。有的大公司會為員工支付大額的培訓費用，而無論你參加了哪一個職業機構成為

會員公司都有義務替你繳納每年的會員費，這些都是你的一些權利，要毫不猶豫的進行爭取。

　　一般的培訓專案是和你的工作內容息息相關的，其間會有階段性的考核，最終會有一個難度比較大的正式測試。很多公司和大學都有協議以講座的形式為自己職員進行專業上的培訓，這些都是非常難得的擴大知識面的機會，要好好利用。建議你在工作過程中養成寫工作日記的習慣，這樣你做的每一個工程，度過的每一段時間才更有實際意義，有所收穫。至於獲得資格的時間長短完全取決於你的工作經驗和你的老闆的配合度了。作為老闆當然最關心的是你對公司的貢獻度和生產力，至於你的個人培訓計畫則需要你自己在工作之餘爭取機會。千萬不要推託工作，尤其是與其他人合作的機會，因為這是你向前輩學習的最好時機，積極的態度才能為你爭取到難得的工作機會。還有就是工作之餘努力總結工作經驗，積累專業知識。

辦公室生活

　　科研單位沒有辦公時間的限制，而私人公司就比較嚴格。辦公室一般都提供免費的紅茶、咖啡和熱水。有的公司有免費的淋浴和更衣室給採取運動方式（如騎單車或慢跑）上班的雇員。一般公司的午休時間是1小時（Lunch hour）。英國人的傳統午餐很簡單就是三明治，品種大概有上百種但是萬變不離其宗，兩片麵包夾點東西在中間，超市咖啡店都有得賣，再加一袋薯片、一塊巧克力、一罐飲料就全套了。義大利、印度、中國速食店也有賣盒飯可供選擇，也簡單得很，有一點調劑。一般辦公室沒什麼大事情慶祝的話是不會去餐廳吃飯的，如果真地去也是各付各的。好在英國城市裏都還保留著一塊塊的綠地，天氣好的時候，可以約同事去公司附近的公園散散步轉換一下心情。大的公司年輕人更多，很容易找到非正式的運動俱樂部之類的業餘組織，如果感興趣可以加入也可以促進交友圈。

　　工作時間當然要完成自己分內的工作，但是千萬不要老老實實從早上坐到下午不主動跟同事交流。簡單的方式是利用同事沖茶時間閒談幾句留下印象，以後在工作中有

什麼需要請教的地方，再很有禮貌的詢問對方是否有時間幫你忙，最好是給出具體需要的時間例如5分鐘時間。你有可能得到否定的答案，因為大家都很忙，但即使這樣他們也會很禮貌的說等他忙完了再去和你聊。光是找別人幫忙時間長了別人也怕了你，所以要把自己當成這個組的一分子就要主動提出幫助別人的意願。不要擔心自己能力不足，而怕去主動幫助別人。作為華人你有得天獨厚的優勢，說不定什麼時候別人就依賴你的語言或數學方面的幫助。

如果你在工作中犯了錯誤，一般你的Line manager不會很不留情的批評你，但是他會記得。不要以為他不說你就沒事了，一定要勇於承認錯誤承擔後果並且引以為戒，並且要和同事商量如何化解這一錯誤帶來的不良後果，誠懇的態度是任何老闆所希望看到的。

你慢慢會發現有的英國人還是挺愛說閒話的，但是請注意千萬不要在同事面前說別人的壞話，外國公司的人際關係是很淺的。其他要避免的話題還有像是政治、宗教、健康問題。除非別人主動告訴你，不然不要打聽別人的個人隱私或健康。如果你發現有同事主動談論政治問題、觀點又和你衝突的時候，上上策是委婉的避免談論下去，並馬上回辦公桌工作。

如果你有機會被上司帶去參加工作會議，要注意自己是代表你的公司形象的。無論從著裝、言談以及拉關係方面都要盡力做到最好，給老闆一個好的印象。記住這是老闆考驗你能力的一個試驗，如果你抱著只是作為旁觀者的態度，那你以後很可能失去類似的機會了。

公司派對

一般的公司在耶誕節左右會組織免費的辦公室派對（Party）或公司晚宴。越是大公司，派對越正式。職員對這種年底的派對非常重視，在這種正式的場合有很多事情也是需要我們注意的。首先一定要搞清楚著裝要求（Dress code），小公司可能比較不正式，但是一般的正式著裝可能要求西服領帶，再正式一點Black tie，要求男士穿燕尾服（Tuxedos）、女士晚禮服。如果你是在倫敦工作，很多倫敦的大公司甚至會要求領結

（White tie），那就非常正式了。男生要穿黑色的正式晚裝或燕尾服，這可不是隨便的黑色西裝而已。這包括從內到外從上倒下一整套裝備，白色襯衣是上過漿，領口袖口有襯墊的，領結也不能用「一拉得」的便宜貨，皮鞋當然也要擦得漆黑光亮。女孩子就更加重視了，往往三三兩兩提前很久就相約去商場挑選晚禮服，當然去年穿過的不在考慮範圍之內的，而且髮型、首飾也都要配套才行。公司有些女同事平時工作不怎麼積極，然而在這種時間之前卻緊張萬分，那種重視程度真的是令人刮目相看。如果你穿著沒達到要求，太不正式是對組織者的不尊重。但是也要注意不要超過要求過於正式了（Over dressed），那樣會給同事以愛現（Showing off）的不好印象，也會讓別人很尷尬。

參加這種正式晚會的時候你真的可以感受到什麼叫做人靠衣裝了，平時辦公室裏常見的面孔在盛裝的轉變下都像換了一個人似的。有的公司會別出心裁組織化妝舞會，或主題舞會就是要求參加的人們身著特殊規定的非日常服裝（多

公司尾牙活動

半是戲服），例如選擇007裏面的各種人物著裝，70年代風格晚會裝等。在這種晚會中你可以最大程度的見識到英國人的創造性和著裝方面的膽量。當然要達到驚豔的目的花費也是不菲，還好英國有很多可以租用服裝的店鋪，但是要提前預訂，聖誕前夕這種店鋪的生意異常的火爆如果不早去預約可能租不到自己的號碼。

有的公司會允許你邀請自己的愛人作為陪伴人一起前往，但是事先要和組織者聯繫好。不要帶你不太瞭解的普通朋友，因為你朋友的任何舉動都會直接影響到你的形象，也不要未經通知隨便改變陪伴人。在這種正式場合千萬要注意不要得意忘形，要記住這是整個公司聚會的難得機會，更重要的是所有老闆都在場。這是結識同事或高層的好機會，你的一舉一動也被別人看得清清楚楚。貪杯是年輕職員容易犯的大忌，不能為了有免費酒喝就忘記了場合，但要做到很好的自我控制就要平時瞭解自己的酒量，如果感覺有點快要失態了的時刻，就請立刻離開現場，要知道一個連喝酒都不能自我控制的員工是不會得到上司的重視的。

公司派對給了你一個認識自己同事另一個側面的好機會，但是千萬避免在閒談中給出錯誤資訊讓別人誤會。公司花錢是要年底犒勞員工給大家一個放鬆的機會，而不是搞單身聯誼會。如果搞出辦公室戀情，那對你的事也沒有幫助反而有害。在公司派對上當你喝了幾杯酒，有可能太放鬆，變成口無遮攔就又犯了一大忌。要時時刻刻提醒自己，這不是真正的私人派對，而是工作的一部分。不要在背後說任何人的壞話，這裏包括同事，老闆以及客戶。

在英國大學裏工作簡介

與私企比較起來在英國大學或研究機構工作的工資相對較低，但壓力也相對較小。由於英國大學或研究機構對教學及研究的品質要求非常嚴格，而且工作數量有限，人員流動率不如私人企業大，因此競爭亦相對激烈。大體而言，工作類型可以區分為純粹做研究，如研究助理或博士後研究員，以及教學與研究並重的工作，如講師。純粹做

研究者，沒有工作時間與地點的限制，相當自由，只要你能在特定時間內完成計畫，沒有人會管你。缺點是工作沒有保障，通常合約與專案綁在一起，一個專案做完之後如果沒有新的計畫來支持你的人事開銷的話，你便自然而然失去工作。工作期間要盡可能多發表論文、多參加國際性的學術研討會，以增加自己的曝光率，要知道學術界的圈子非常小，你的知名度越高、認識的人越多，對自己將來的發展幫助越大。最理想的狀況是能自己申請計畫，如此你的命運及發展將掌握在自己手中，而不再聽命於別人，但必須提醒讀者的是，自己寫專案計畫有一定的困難度。

一般而言，剛剛取得博士學位的人不太容易在大學找到講師的工作，由於講師的工作是永久性的，所以除非你的能力已被充分認可，不然學校不會甘冒風險。一個簡單的評量標準便是你已發表論文的品質與數量，品質方面審查論文是否在國際知名SCI或SSCI期刊發表，數量方面則至少要三篇。英文表達能力是另一個審查標準，通常申請講師或以上的工作，學校會邀請你針對你自己研究的領域發表二十至三十分鐘的報告，然後開放由面試委員或教授們提問，形式與博士論文答辯非常像。因此，建議有志成為大學講師的讀者平時即要針對自己的口語表達多練習，一個簡單的方式是多參加學術研討會，研討會的報名費通常非常貴，但英國大部分的大學都有一定資金補助學生參與學術研討會，具體狀況可以詢問你所就讀的大學。

關於稅收問題

英國收入稅是按年結算，從每年4月1日起，次年3月底止。所得稅（Income tax）是按你的工資水準分幾個檔次。具體規定可以查閱Inland Revenue的網站。每個月底，發工資的時候，公司就會自動扣除你的稅和社會保險費（National Insurance），稅額比國內大很多，有的人淨收入也只有毛收入的60%而已。至於年底分紅（Bonus），或任何形式的獎金，無論你的工資水準一律按40%收取。舉個例子如果你在投資銀行工作，工資本身並不高，稅也就是

25%，但年終獎不管多少錢（有的高過工資收入）都只能拿到60%而已。

如果你的合約是從4月1日開始，到某年3月底止就不牽扯退稅問題。但是如果你的合約在年中開始，那在次年3月底你拿到公司發放的P45表格的時候就可以向Inland Revenue提出退稅請求。

關於到底買不買養老保險

英國的一切物品都上稅，除了嬰兒物品和養老保險。工作以後你會面臨著一個選擇：是否要買養老保險？英國的養老保險是自願的。一般公司政策是你繳工資的5%，公司也貼5%。也就是說如果你不付，公司也就剩了這筆錢，學校和公共單位的補助還要更高些。就算你後來回國了，等到你65歲英國法定退休時間，你也可以再聯繫他們，領取養老金。

家屬陪讀可行嗎？

如果在國內有了一定事業基礎再去英國留學的人往往頭疼家屬問題。其實陪讀是很容易辦的，如果

陪讀簽證資訊
http://www.vfs-uk-cn.com

孩子教育資訊
http://www.anglo-chinese.com/E/RankingA-level12007c.htm

家屬願意，又有一點英語水準儘量還是共同體會留學的酸甜苦辣。英國的陪讀簽證（Dependent Visa）不難拿到。而且夫妻關係的另一方的簽證是無條件工作簽證，也就意味著你的家屬可以在你全職學習期間能全職在任何單位、任何地點工作。有很多華人夫妻就選擇了輪流上學的方式相繼完成了學位，而且一方工作、一方讀學位更有利於孩子的培養。

因為英國不是個移民國家，只要你能證明你沒有移民企圖，國內資金雄厚，拿到簽證很容易。初次申請一般他們會給你6個月（至少3個月）的探親假。然後在以後申請中延長期限。

孩子撫養問題

說到孩子，三歲之前是沒有免費的國立幼稚園可以送，所以是最難辦的情況。如果年齡還小只要在大學之前都可以享受到免費的國立學校的教育。但是學校的教學水準和資源很不同，事先要好好研究清楚。有一點要指出的是英國的法律規定孩子在滿14歲之前都不允許被單獨留在家裏，否則父母要受懲罰，嚴重的會失去撫養權。所以如果有事不方便帶孩子出席，最好找朋友或保姆（Babysitter）照顧一下。這一法令讓很多英國人也很頭疼因為保姆是很昂貴的，有時如果父母都要全職工作的話，一個人的收入可能要全部花費到孩子的看管費用上。由此很多家庭中只有父母中的一方工作，而另一方則選擇打零工或做全職太太（丈夫）。越是大城市的多口之家越是如此。

小結

學習的目的就是有個好的工作。本章總結了很多留學生在英國找工作的經驗，介紹了英國移民局對外國人工作的政策，對讀者完成學業後繼續工作有所幫助。

附錄

附錄一
Useful Websites

1.英國簽證

- http://ukintaiwan.fco.gov.uk/zh/visiting-uk/（臺灣）
- http://www.ukba.homeoffice.gov.uk/cou-ntries/china/fees/?langname=Simplified Chinese（中國大陸）

2.大學網站

- 大學的網站一般是以以下格式
- www.大學名或簡稱.ac.uk

  例如

  http://www.ox.ac.uk/

  http://www.ncl.ac.uk/

3.市政府官方網站

每個城市都有自己的官方網站，用途是提供給市民和遊客瞭解本市的情況。以便利市民生活，遊客安排旅遊計畫。你可以在去之前就通過他們的網站來對所去城市的大約情況有所瞭解，比如說規模、人口、市內設施、名勝古跡等。對於初到該市的同學你也可以通過網站上介紹瞭解他們各個民事註冊機關的規章和資訊。有的市政府網站上有即時網上錄影系統，把市中心的景色通過網路視頻24小時發表在網上。這是一個很好的熟悉該城市的方法，尤其是在你到達之前。

這種網站的格式一般是www.城市名.gov.uk

4. 一些組織的網站

www.組織名.org.uk

5. 一些有用的搜索性網站

- 黃頁（Yellow page）可以用來搜索任何你所指定地點的商店、公司、學校、機關等等的位址電話甚至網頁。
www.yell.com
- 查找NHS醫生。在這個網站上你可以輸入你所在地址或郵編查找離你住處最近的醫生和牙醫等。
http://www.nhs.uk/england/doctors/
- 查找郵編。
如果你知道一個位址卻想知道它的具體郵遞區號（Postcode）。
http://www.royalmail.com/portal/rm
- 如果你住在倫敦或要在倫敦旅遊，那你一定需要交通上的指導。Transport for London是個很好的網站。你可以把你要經由的站名，位址或郵編輸入，然後它會為你找到最近最方便的交通方式。
www.tfl.gov.uk

- 查地圖
www.multimap.co.uk
- 旅遊資訊
National Express：http://www.nationalexpress.com/
National Rail：http://www.nationalrail.co.uk/
Megabus：http://www.megabus.com/uk/
Ryanair：http://www.ryanair.com/site/EN/
Easyjet：http://easyjet.com/en/book/index.asp
BMI：http://www.bmibaby.com/bmibaby/html/en/splash.htm
Schengen簽證的要求（http://www.schengenvisa.cc/）。
- 英國概況
http://www.britishcouncil.org/zh/china-about-the-uk-13.htm
- 找工作
http://www.jobcentreplus.gov.uk/JCP/index.html
www.jobs.ac.uk

附錄二
字典上不容易查到的
習慣用語

1. 成語：言簡意賅，名人名言

習慣用法	意義	範例
The grass is always greener on the other side	這山望著那山高	The grass is always greener on the other side
When in Rome, do as the Romans do	入鄉隨俗	When in Rome, do as the Romans do
Why have a dog and bark?	有人幫忙做的事，為什麼還要自己動手？	Why have a dog and bark?
You will reap what you sow	你會得到報償（報應）的	You will reap what you sow

2. 常用語：當你已經認識了對方時可以使用。

習慣用法	意義	範例
A drop in the ocean	微不足道的	This is only a drop in the ocean
As subtle as a brick/ sledge-hammer	不機靈，愚笨	This man is as subtle as a brick/ sledge-hammer
At the wit's end	不知如何是好	I'm at my wit's end
Beat about the bushes	不直截了當的	Do not beat about the bushes
Back to square one	重新開始	We are back to square one now
Belt and braces	多餘的	It's a belt and braces approach
Benefit of the doubt	往好的方面理解	You can give them the benefit of the doubt
Blow own trumpet	自我吹噓	My company is always blowing its own trumpet
Buck stops here	我來負責	The buck stops here
By a long shot	差太遠	We won't reach there – by a long shot
Carry the can	負最終責任	You are left to carry the can
Catch a fleeting glimpse	大概看了一眼	He just caught a fleeting glimpse of the car as it went past
Clip one's wrings	拖累	He tried to clip my wings
Corn a phrase	造個詞來形容	To coin a phrase, this book is as much use as a paper hammer
Do not pull his punches	認真奮戰	He doesn't pull his punches
Drag one's heels in	堅持己見	He seems dig his heels in sometimes

習慣用法	意義	範例
Draw the line	可接受的限度	I draw the line on that
Drop by	順便拜訪	You can drop by any time
Feet of clay	缺陷	This institute has feet of clay
Fleet of foot	敏捷	You are very fleet of foot
For the wider good	為大局著想	For the wider good, you should give up your own considerations
Get nowhere fast	沒有進度	They are getting nowhere fast
Go around the houses	說話不直截了當	She always does around the houses
Hand to mouth	食不果腹	It's a very hand-to-mouth existence
Hale and hearty	健康有活力	He is hale and hearty today
Jump out of the frying pan and into the fire	雪上加霜	To invest on that is like jumping out of the frying pan and into the fire
Keep on toes	保持清醒	You should keep on your toes
Know which side his bread is buttered	勢利	He knows which side his bread is buttered
Left holding the baby	被拋棄無助	We have been left holding the baby
Left in the lurch	被拋棄無助	We have been left in the lurch
Level-pegging	不相上下	The first two teams are level-pegging in the game
Like looking for a needle in a haystack	大海撈針	This is like looking for a needle in a haystack
Line of business	工作	What's your line of business?

習慣用法	意義	範例
Make a meal of	遇到不該有的麻煩	You are really making a meal of that task
Make mountains out of molehills	誇張，誇大	Do not make mountains out of molehills
Nail one's colours to the mast	表忠心	He really nailed his colours to the mast
Neck and neck	不相上下	They are neck and neck in the race
No strings attached	無條件的	He gave me this with no strings attached
One's baby	某人的成果	This building is his baby
Only a stone's throw away	很近	The school is only a stone's throw away from my home
Out of reach	隔離，找不到	He is out of reach now
Party animal	聚會狂	She is truly a party animal
Par for the course	平均水準	It's par for the course
Pay a visit	看望，拜訪	Could I pay you a visit tomorrow?
Pencil it in	暫定日期（有可能更改，須再確認）	The date is ok for me, I'll pencil it in
Pipe-dreaming	不實際的想法	That idea is just a pipe-dream
Ring the bell	好像記得	This rings the bell
Sit in one's ivory tower	與世隔絕	She is sitting in her ivory tower
Small fry	小人物，小事	They are just small fry
Split hairs	為小事爭吵	Please do not spit hairs

習慣用法	意義	範例
Stand shoulder to shoulder	共同努力	We have always stood shoulder to shoulder many
Take a step back	退一步想想	Take a step back and reconsider your view
Throw down the gauntlet	挑戰	He has thrown down the gauntlet
Use a sledge-hammer to crack a nut	殺雞焉用牛刀	This is like using a sledge-hammer to crack a nut
Sense of occasion	會看場合說話	You have a good sense of occasion
Strike a cord	似乎記起	This strikes a cord
Walk the plank	被逼上死路	They made me walk the plank
Well-heeled/well off	有錢的	His family is well-heeled
Worth one's salt	物有所值的	If he was worth his salt he would know that
Worth one's weight in gold	很有用的	This is worth its weight in gold

3.非正式：用於關係比較好但還不是好朋友的人。

習慣用法	意義	範例
A hiding to nothing	死路	They are on a hiding to nothing
A square peg in a round hole	不合時宜	He is like a square peg in a round hole
As old as the hills	很老的	My grandpa is as old as the hills
At the end of someone's tether	忍耐的極限	He seems really at the end of his tether

習慣用法	意義	範例
Below par	病了	I feel a bit below par
Black sheep	不受規則的人	My sister is a black sheep in the family
Blue skies ideas	還不能實行的計畫	This is a blue skies idea
Build castles in the sand/ air	異想天開	Your are building castles in the sand
Chill out	放鬆	You need to chill out now
Die hard	寧死不屈	He is a real die-hard
Doom and gloom	沮喪	He is always doom and gloom
Drag kicking and screaming	硬逼著	He was dragged kicking and screaming to the camp
Drop …… a line	寫信	Please drop me a line once you arrive at there
Drop in	偶爾拜訪，非計畫的拜訪	Sorry to drop in on you like this
Eat out of his hand	得到信任	He has got them eating out of his hand
Finger in every pie	什麼都管	Your boss has a finger in every pie
Get the hang of it	能做了	He has got the hang of it now
Gloves are off	奮力抗爭	The gloves are off now
Go down like a lead balloon	不實際的	This will go down like a lead balloon
Hair was standing on end	受驚嚇	It's so scary, my hair was standing on end
Head in the clouds	不切實際	His head is in the clouds

習慣用法	意義	範例
Heath-Robinson	不正常的，非常規的	It's a rather Heath-Robinson set-up
Hit and miss	有時成功有時失敗	His fishing if a bit hit and miss
Kith and kin	親人	She is my kith and kin
It's good weather for the ducks	下雨了	It's good weather for the ducks!
Keep one's head above the water	勉強過活	He is keeping his head above the water
Lashed up	粗製濫造	It's a bit lashed-up
Last straw	忍耐的極點	This is the last straw
Let off the hook	解脫了	He has been let off the hook
Like grim death	堅決的	She left the flat like grim death
Like water off a duck's back	對他沒影響	It's like water off a duck's back
Like wringing water out of a stone	難以完成的任務	It's like wringing water out of a stone to pass this exam
Make mincemeat of	克服了，解決了	He made mincemeat of these problems
Murphy's law	凡是可能出錯的事必定會出錯。摩菲定理	It's just Murphy's law
Not by a long chalk / stretch	解決不做	Not by a long chalk would I do that
On par	進展順利	We are on par for a good result
Penny has dropped	最終明白	The penny has dropped at last

習慣用法	意義	範例
Pig's ear	品質差	This watch is pig's ear
Post haste	儘快	Go to the class post haste
Put your feet up	放鬆	Just put your feet up
Quite a handful	難對付	The students are quite a handful
Rat race	人踩人的競爭	I hate the rat race in my company
Red herring	不相關的事	It's a red herring
Ruffle your feathers	使失望，挫敗	His words has really ruffled your heathers
Safe and sound	安全無恙	The students arrived safe and sound
Sham	錯誤	This situation is a sham
Shoe-horn it	強迫	You need to shoe-horn it into shape
Sweet tooth	愛吃甜食	I have a sweet tooth
To the bitter end	明知結局不樂觀無論如何堅持到底	He decided to keep going to the bitter end
Top up	補充	We need to top up our food supplies
Touch base	聯繫你老闆	We'll touch base tomorrow
Twist my arm	逼我做	It's him twisting my arm
Under the thumb/ around his little finger	受管制	His wife has him under her thumb
Under the weather	有點病了	He is under the weather

習慣用法	意義	範例
Up a gum tree	身處困境	We are up a gum tree now
Up to scratch	不達標	This is certainly not up to scratch
This is the limit	太過分了，忍無可忍	This is the limit, you have gone too far this time.
Wishful thinking	不實際的想法	It's just your wishful thinking

4.俚語：非常不正式用語。只用於很熟悉的朋友。不要隨便用。

習慣用法	意義	範例
A bit rough	感覺疼，病了	I am feeling a bit rough
A bit shaky	身體狀態不太好	I'm feeling a bit shaky today
A notch under	身體狀態不太好	He's feeling just a notch under
A real shambles	不整潔	This place is a real shambles
About as much use as a chocolate frying pan	無用的	It's about as much use as a chocolate frying pan
An arm and a leg	非常昂貴	This ring costs me an arm and a leg
As straight as a donkey's hind leg	彎的	This road is as straight as a donkey's hind leg
Burn one's fingers	初次嘗試失敗	He burnt his fingers trying that new investment
Chew over it/ mull over	仔細斟酌	Let's chew over it
Climb the wall	差點氣瘋了	His behaviour nearly is making me climb the wall

習慣用法	意義	範例
Come thick and fast	大量集中的來了	The letters are coming thick and fast
Dog's breakfast	品質差的	His work is dog's breakfast
Fisticuffs	爭吵	Fisticuffs
Fit the bill	正需要的	This fits the bill
Foot the bill	付錢	The university will foot the bill
Get a screw loose	生氣	She's got a screw loose
The gift of the gap	幽默風趣	He has the gift of gab
Go ballistic	勃然大怒	The teacher went ballistic roof when the students did not know the answer of his question.
Go round the bend	生氣	I think he lost his marbles when he saw you
Green finger	善於養花草	My grandma has green fingers
Hang on/ hold on	等一等	Hang on please
Lost marbles	氣憤	He lost his marbles when he saw you
Look lively	精神點，振作	Come on, look lively
Paddle your own canoe	管好你自己	You can paddle your own canoe, if possible
Hit the roof/ ceiling	大發雷霆	She hits the roof when I told her that news.
Plum in his mouth	高傲的腔調	His mother speaks with a plum in her mouth
Pull through a hedge backwards	不整潔	The cat looks like it has been pulled through a hedge backwards

習慣用法	意義	範例
Quick time	儘快	Come on, quick time!
Roll up sleeves	準備戰鬥	He is rolling up his sleeves
Run on three cylinders	沒精神	I'm only running on three cylinders today
Talk the hind leg off a donkey	說話極端	He could talk the hind leg off a donkey
Take the shirt off your back	無情的逃債者	He would take the shirt off your back
Throw in the towel	停止放棄	Once it gets more difficult, we'll throw in the towel
Up the creek without an oar	深陷困境	You are up the creek without an oar

5.不禮貌用語：建議只要聽懂就好，不要使用他們。

習慣用法	意義	範例
Piss off	1.惹惱	He really pissed me off last night. Piss off! I'm busy
	2.離開	

附錄三
英國生活常用單詞

英文名	中文名	英國常用吃法
Artichoke	朝鮮薊	地中海地區食物,常用於蔬菜沙拉、比薩餅
asparagus	蘆筍	常用於義大利菜
broad bean	蠶豆	白煮
broccoli	綠椰菜,西蘭花	白煮
brussels sprouts	布魯塞爾芽菜	白煮
cabbage	包心菜	白煮、熬蔬菜湯、沙拉
carrot	胡蘿蔔	白煮、熬蔬菜湯、沙拉
cauliflower	花菜	白煮、熬蔬菜湯
celery	芹菜	沙拉
chickpea	雞豆	多用於印度菜餚、湯、沙拉
Chinese leaves	白菜	沙拉

英文名	中文名	英國常用吃法
chives	小蔥	調味用
common bean	豆的一種	白煮
cos lettuce	一種大葉生菜	沙拉
cucumber	大黃瓜	沙拉
eggplant	茄子	烤
florence fennel	茴香	沙拉、食根莖
foliage beet	甜菜根	沙拉、湯
garden cress	水芹	沙拉
garlic	蒜	調味用
greens	一種綠葉菜	沙拉、湯
head lettuce	生菜球	沙拉
kohlrabi	大頭菜	沙拉
leek	大韭菜	調味用
lentil	小扁豆	湯
marrow	西葫蘆	湯
melon	甜瓜	
onion	洋蔥	調味用

英文名	中文名	英國常用吃法
pak choi	油菜	沙拉
parsley	歐芹	調味用
Parsnip	歐洲防風草	食用白色根莖，類似胡蘿蔔
pea	豌豆	白煮、熬蔬菜湯
potato	馬鈴薯	作主食、沙拉、烤
radish	小蘿蔔	沙拉
red dates	紅棗	
rhubarb	大黃的葉柄	味酸，常用於甜點
runner bean	花豆	沙拉
salsify	波羅門參	沙拉
savoy cabbage	包心菜的一種	很難煮熟，湯、沙拉
Shallot	蔥（紫色小洋蔥）	調味用
spinach	菠菜	沙拉，湯
swedish turnip	蘿蔔一種	湯
sweet corn	玉米	
sweet potato	白薯	
tomato	番茄	

英文名	中文名	英國常用吃法
turnip	蘿蔔	沙拉
water cress	水芹	沙拉
watermelon	西瓜	
welsh onion	小蔥	調味用
winter endive	菊苣	沙拉
winter squash	南瓜	湯

社會科學類　PF0078　瘋生活02

英國留學全方位必備手冊

作　　　者／王楠楠、張晏瑲
責任編輯／陳佳怡
圖文排版／邱瀞誼
封面設計／陳佩蓉

發 行 人／宋政坤
法律顧問／毛國樑　律師
印製出版／秀威資訊科技股份有限公司
　　　　　114台北市內湖區瑞光路76巷65號1樓
　　　　　電話：+886-2-2796-3638　傳真：+886-2-2796-1377
　　　　　http://www.showwe.com.tw
劃撥帳號／19563868　戶名：秀威資訊科技股份有限公司
　　　　　讀者服務信箱：service@showwe.com.tw
展售門市／國家書店（松江門市）
　　　　　104台北市中山區松江路209號1樓
　　　　　電話：+886-2-2518-0207　傳真：+886-2-2518-0778
網路訂購／秀威網路書店：http://www.bodbooks.com.tw
　　　　　國家網路書店：http://www.govbooks.com.tw
圖書經銷／紅螞蟻圖書有限公司
　　　　　114台北市內湖區舊宗路二段121巷28、32號4樓
　　　　　電話：+886-2-2795-3656　傳真：+886-2-2795-4100

2012年4月BOD一版
定價：210元

國家圖書館出版品預行編目

英國留學全方位必備手冊 / 王楠楠, 張晏瑲著. -- 一版. --
臺北市 : 秀威資訊科技, 2012, 04
　面 ; 公分. -- (社會科學類 ; PF0078)
BOD版
ISBN 978-986-221-899-0(平裝)

1. 留學 2. 留學教育 3. 生活方式 4. 英國

529.25　　　　　　　　　　　　　　100026542

讀者回函卡

感謝您購買本書，為提升服務品質，請填妥以下資料，將讀者回函卡直接寄回或傳真本公司，收到您的寶貴意見後，我們會收藏記錄及檢討，謝謝！

如您需要了解本公司最新出版書目、購書優惠或企劃活動，歡迎您上網查詢或下載相關資料：http:// www.showwe.com.tw

您購買的書名：_____

出生日期：_____年_____月_____日

學歷：□高中 (含) 以下　　□大專　　□研究所 (含) 以上

職業：□製造業　□金融業　□資訊業　□軍警　□傳播業　□自由業
　　　□服務業　□公務員　□教職　　□學生　□家管　　□其它_____

購書地點：□網路書店　□實體書店　□書展　□郵購　□贈閱　□其他

您從何得知本書的消息？

　□網路書店　□實體書店　□網路搜尋　□電子報　□書訊　□雜誌

　□傳播媒體　□親友推薦　□網站推薦　□部落格　□其他_____

您對本書的評價：(請填代號　1.非常滿意　2.滿意　3.尚可　4.再改進)

　封面設計____　版面編排____　內容____　文／譯筆____　價格____

讀完書後您覺得：

　□很有收穫　□有收穫　□收穫不多　□沒收穫

對我們的建議：_____

_____

_____

_____

11466
台北市內湖區瑞光路 76 巷 65 號 1 樓

秀威資訊科技股份有限公司　　　　收

BOD 數位出版事業部

···

（請沿線對折寄回，謝謝！）

姓　　名：＿＿＿＿＿＿＿＿＿＿　年齡：＿＿＿＿　性別：□女　□男

郵遞區號：□□□□□

地　　址：＿＿＿＿＿＿＿＿＿＿＿＿＿＿＿＿＿＿＿＿＿＿＿＿

聯絡電話：(日) ＿＿＿＿＿＿＿＿＿＿＿　(夜) ＿＿＿＿＿＿＿＿＿＿

E-mail：＿＿＿＿＿＿＿＿＿＿＿＿＿＿＿＿＿＿＿＿＿＿＿＿